L'EXCELLENCE DES CHANSONS LES PLVS IOYEVSES ET RE-creatiues, compo-sees de ce temps.

Recueillies & imprimees nouuellement.

A LYON,
Pour Benoist Rigaud.
1584.

COMPLAINTE, ET REGRETS D'VN AMANT *à sa maistresse.*

BElle vostre cruauté,
Et vostre œil trop irrité,
M'ont mis en telle tristesse,
Que ie n'ay plus de recours,
Sinon que pour quelques iours
Il faut que ie vous delaisse.

A dieu ma maistresse, a dieu,
Puis qu'il faut quitter ce lieu,
Pour passer ma fascherie:
Ie m'attens pour reconfort
Qu'vne tres-prochaine mort
Mettra tost fin à ma vie.

I'aime mieux soudain mourir,
I'aime bien plus cher perir
Par vne balle mortelle,
Que de viure en ma langueur,

Sous vostre dure rigueur
Et ceste beauté cruelle.
Ie m'en vay en quelque part,
Me planter sur vn rampart,
En la plus sanglante guerre,
Là le soldat inhumain,
De sa furieuse main,
Me reduira mort par terre.
Las! helas, quel dur destin
Quel ennemy clandestin
Me bannit de ma fiance,
Et quel rigoureux tourment
Me trauaille incessamment,
Priué de toute esperance.
C'est lors que i'ay estimé
D'estre vostre mieux aimé,
Que i'ay veu qu'aimez le change,
C'est alors que ie voulois
Vous arrenger sous mes loix
Que ie vous treuue ainsi estráge.
Puis donc que mon amitié,
Ne vous incite à pitié,
Ie n'espere autre allegeance:

Sinon

Sinon que de m'absenter,
Pour vostre esprit contenter
Et vous mettre en oubliance.

Response de la Maistresse à l'Amant.

IE ne suis occasion
D'vne telle passion
Qui vous ronge la poictrine,
Ie ne suis pas la raison
Que vous quittiez la maison,
C'est l'astre qui vous domine.
Si ma volonté ne peut
S'accorder à ce que veut
Vostre folle fantasie,
Est-ce pour vous couroucer
Tant qu'il faille trespasser,
Ou tomber en frenaisie?
Fy des biens, fy des tresors,
Fy des amans si tres-ords,
Fy d'vne amour trop ardante.
Ie n'auray iamais pitié
Que d'vne ferme amitié
Qui ne meurt pour vent qui vente.

Ie n'eus onc en voulonté,
D'aimer vn homme eſuenté
Vn cerueau fol & volage,
I'aime beaucoup mieux choiſir
Vn amant à mon deſir,
Qui ſoit moins riche & plus ſage.
I'aime bien le vertueux,
Qui n'eſt point ambitieux,
Qui n'eſt ioüeur ny cholere:
Mais ie hay vn vicieux,
Vn desbauché glorieux,
Et qui deſpend tout en chere.
Quãd on cognoit les humeurs,
Les biens & mauuaiſes mœurs
D'vn que lon hante & frequente,
C'eſt alors qu'on l'eſconduit,
C'eſt lors di-ie, qu'on luy dit
N'ayez plus en moy d'attente.
Allez donc ou vous voudrez:
Car voſtre temps vous perdrez
Si pourſuiuez d'auantage,
Ie n'ay point d'opinion,
Encor moins d'affection

De

De penser en mariage.

Chanson nouuelle.

Voila comment mon amour se manie.

COmme lon void la mer flotter,
Et rechanger la lune,
On me void la blonde aimer
Et la blanche & la brune,
Barbe me plaist, Marguerite mamye,
Voila comment mon amour se manie.

Mon cœur ainsi que mes yeux
En plusieurs lieux aspire,
I'aime à Caen, i'aime à Bayeux,
A Fallaize & à Vire,
Baste, il ne chaut au galãd mais qu'il rie.
Voila comment, &c.

Si vous voulez que ie vous die
Le nombre que i'en aimes,
I'en aime six vingts & dix
Ie vous parle de douzaines,
Iamais à piece ie n'ay ma foy promise.
Voila comment, &c.

Il est bien vray que ie dis
A quelqu'vne d'icelles,

Qu'elle eſt mon vray paradis,
Et qu'entre les plus belles
Seule ie l'ay pour mamie choiſie.
Voila comment, &c.
Tout auſsi toſt que i'en ay fait
Ie pouſſe ma fourtune,
Me remettant en effect
D'en pipper encor' vne,
Tout auſsi toſt comme l'autre i'oublie
Voila comment, &c.
Mais le renard en ſon terrier
Seulement ne s'aſſeure,
L'eſpreuier deçà delà
Va chercher ſa paſture,
Et l'homme auſsi ſouuent chãge d'amie.
Voila comment, &c.
Quand lon paint ſa deité
Des eſles on luy forme:
Car comme à legereté
Sa nature eſt conforme,
Fermeté eſt ſa plus grande ennemie.
Voila comment, &c.
Qui fidelle aura veſcu

En ce monde esseruie,
N'y aura ny moins ny plus
En la seconde vie:
Car là ne faut ny amant ny amie.
Voila comment, &c.

Chanson nouuelle.

Amour est l'vn des dieux
Il n'est donc variable.
ON void en ces bas lieux
Toute chose muable:
Mais ce qui vient des cieux
Est constant & durable.
Amour est l'vn des, &c.
Il n'est donc variable.
A seruir deux beaux yeux
Mon ardeur est semblable,
Tous les traicts gracieux
Et la grace admirable.
Amour, &c.
Me rend triste & ioyeux,
Me redresse & m'accable,
O que suis glorieux
D'estre ainsi miserable.

Amour, &c.

Mon malheur eſt heureux
Ma perte & profitable:
Ie langui vigoureux
En tourment delectable.

Amour, &c.

O cas aduentureux,
Choſe trop incroyable,
Ie pourſuy deſireux
Vne choſe indomptable.

Amour, &c.

Et fuy tout deſpiteux,
Ce qui ſe rend aimable,
A vne ſeule veux
D'vne voix pitoyable.

Amour, &c.

Preſenter tous mes vœux,
Et ma foy perdurable:
Et ſi flechir ne peux
Sa rigueur imployable

Amour, &c.

Dont ie plains amoureux
Touſiours à moy ſemblable

Ne faisant comme ceux
Qui ont foy trop muable.
Amour, &c.
Vont offrir en tous lieux
Vn seruice agreable,
Leur parler cauteleux
Leur serment n'est que fable.
Amour, &c.
Leur amour est douteux,
Et trop moins ferme & stable,
Qu'vn vieil bastiment creux
Fondé dessus le sable.
Amour est l'vn des dieux
Il n'est donc variable.

Chanson nouuelle.

ON peut faindre par le cizeau,
Ou par l'ouurage du pinceau
Toute visible chose:
Mais d'amour le ceul poignant
traict
Vous peut figurer le portraict
De ma tristesse enclose.

On

On peut definir au compas
De tout ce qu'on voit icy bas
La forme en rond vnie:
Mais on ne ſçauroit meſurer
Le mal que me feit endurer
Mon amour infinie.

Au centre autour duquel ſe fait
Du monde le cercle parfaict,
Toutes les lignes tendent:
Et le diuin de voz beautez
Eſt le point où mes volontez
Eſgalement s'attendent.

L'eſprit infus en ce grand corps
Vnir par differans accords
Et les cieux & la terre,
Et vos ſainctes perfections
Aſſemblent mes affections
Par vne douce guerre.

Du chaud de l'humidité
Procede la fecondité
Des ſemences du monde,
Et de ma violente ardeur
Iointe à voſtre lente froideur

Naiſt ma peine feconde
Le mal d'vn corps intemperé
Pour eſtre eſteint ou moderé
Par ius d'herbe ou racine
Mais du trop de mon amitié
Ou la mort ou voſtre pitié
Sera la medecine.
La gloire incite l'Empereur,
La richeſſe le laboureur
Le butin l'homme d'armes:
Mais tout le gain que ie reçoy
De mon inuiolable foy,
Si ſont ſouſpirs & larmes.
Tout cela qu'on voit de mondain
Suiuant du ciel le cours ſoudain
Se change d'heure en heure:
Mais le deſir ambitieux
Qui me tire apres voz beaux yeux
Touſiours ferme demeure.
La pierre dont le ſeul toucher
Guide l'aiguille du nocher
Touſiours ſe tourne au pole,
Et mon cœur de vos yeux touché

Ne peut ſi bien eſtre attaché
Qu'apres eux il ne vole.
Le roc des flots marins batu
N'eſt iamais par eux abbatu:
Mais demeure imployable,
Et mon cœur plein de fermeté
De mille peines tourmenté
N'eſt iamais variable.

Chanſon nouuelle

CEux qui peignent amour ſans yeux,
N'ont pas bien ſa force cogneue,
Il voit plus clair qu'aucun des Dieux,
Las! i'ay trop eſſayé ſa veuë.
Souuent en penſant me ſauuer,
Ie me pers aux lieux ſolitaires,
Mais il ne faut à me trouuer
Dans les plus ſauuages repaires.
Quoy que ie coure inceſſamment
Par deſerts, montagnes & plaines,
Il ne m'eſlongne aucunement,
Et me fait ſouffrir mille peines.
Helas a il mauuais regard?
De cent mille traicts qu'il m'adreſſe

Il ne me frappe en nulle part
Qu'au cœur ou tousiours me blesse.
Il a donc des yeux,& voit bien,
En q̃lque endroit qu'il vueille atteindre,
Mais il est sourd,& n'entend rien,
On a beau souspirer & plaindre.
S'il eust ouy tant de regrets,
Tant de cris,tant d'aigres complaintes,
Que ie lasche aux lieux plus secrets,
Tesmoins de mes dures attaintes.
Quand il n'eust point eu d'amitié
Et qu'il eust tout bruslé de rage,
Ie suis seur qu'il eust eu pitié
Et qu'il eust changé de courage.
Que me faut-il donc esperer
Suyuant ce Dieu plain de furie?
Il voit bien pour me martirer,
Et n'entend rien quand ie le prie.

Chanson nouuelle.

COmme sur le renouueau
On ne voit florons si beau
Que la viole ne passe
Entre les belles aussi

Rien

Rien ſi beau ne luit icy
Que la viole n'efface
Et que ſon bel œil n'efface
De mille feuz eſclarcy.
Toute deux ont meſme nom,
Mais des deux le beaux renom
Differemment ſe balance:
Car quand ie conte l'honneur
De Viole a ceſte fleur,
Ie voy par grand' differance
Que l'vne à l'autre deuance
En beauté & en valeur.
La Viole eſt du printemps
Meſſagere & tous les ans
Sa naiſſance renouuelle.
Mais la mienne qui au tour
De ce beau lieu fait ſe iour
A vne gloire eternelle,
Et vne ſaiſon plus belle
La ſuit & reſuit touſiours.
Ce pourpre brunne eſclatant,
Que L'indie priſe tant
Ceſte belle fleur decoree;

Mais

Mais les graces ont bien mieux peint
De ma Viole le tient
Et le vermeil qui colore
Sa leure & sa ioüe encore
Toute autre couleur estaint.
Par dessus toutes les fleurs,
Les plus suaues odeurs
De Viole on admire:
Mais la mienne fait par l'air
Mille doux parfums couller
Soit qu'à l'ennuy du Zephire,
Quelques-fois elle souspire,
Ou qui luy plaise parler.
La Viole a ce bon heur
De naistre sous la faueur
Dieu qui preside aux armes
Mais vn plus grãd Dieu que Mars
Auec ses feux & ses dards
Craint de la mienne les charmes
Et flechit sous les alarmes,
Au moindre de ces regards.
Par ceste comparaison
Ie soutien qu'il est raison

Qu'à la Viole on remette
Le nom qu'elle auoit tousiours
Et que de Mars à son tour
Elle soit la violette,
Et que la mienne plus parfaicte
Soit la Viole d'Amour.

Chanson nouuelle.

QVel secours faut-il plus que i'atten-
de à ma peine.
Si ce n'est par la mort qui m'est toute
certaine
Puis que mes longs souspirs, ma foy mon
amitié,
Le brasier de mon cœur l'effroy de mon
visage
Ne peuuent esmouuoir vostre obstiné
courage [tié
A se laisse toucher d'vn seul traict de pi-
Tantale aupres de moy bien heureux
se peut dire,
Son trauail est petit tout le biẽ qui desire
Est d'auoir quelque pomme & sa soif
estancher

Et moy ie brusle, helas! & mourant ie
pourchasse
Vn bien pour mon secours, qui tout autre surpasse,
Mais qui croist le desir d'autant qu'il est
plus cher.

O que le feu d'amour est d'estrange
nature
Mon cœur sans defaillir luy sert de
nourriture,
Ie n'ay sang ny poulmon qui n'en soit
consommé
Mais differãt en tout de la cõmune flame
Encor' que ie vous touche il n'esmeut
point vostre ame,
Et rien qui soit en vous n'en peut estre
allumé.

Ie te despite, Amour, & maudy ton
Empire,
Que me sert qu'en mon cœur tous tes
traits ie retire?
Que me sert que le Ciel m'ayt à toy
destiné?

Que me ſert que iamais de moy tu ne t'enuolle,
Si tout remply de toy ie pers temps & parolle,
Et ne puis amollir vn courage obſtiné.

Chanſon nouuelle.

QVand i'eſprouue en aimant la rigueur d'vne Dame,
Qui ieune & ſans amour ſe mocque de ma flamme,
Et demeure, cruelle au ſon de mes douleurs
Ferme le cõtinue, & ſouffre en patience
Eſperant à la fin par ma perſeuerance
Cauer ſon cœur de roche amoly de mes pleurs.

Tant plus vne entrepriſe eſt haut & mal-braſſee:
Puis en la pourſuiuant mon ame eſt embraſſee:
La peine & la longueur ne me peut retenir,
Contre tous les malheurs i'oppoſe ma conſtance,

Et

Et pour m'encourager il ſuffit q̃ ie penſe
Que nul autre que moy n'eſpere y paruenir.
Car mon cœur genereux a rien ne ſe peut plaire,
Que i'eſtime qu'vn autre ait eſpoir de parfaire,
Vn Dieu pour compagnon ie ne puis receuoir:
Ie veux ſuiure tout ſeul ce que ie me proposé,
Et encore en amour plus qu'en toute autre choſe,
Ie fuy les compagnons & n'en veux point auoir.
I'aymerois beaucoup mieux ſupporter la rudeſſe
Et l'orgueil dedaigneux d'vne fiere maiſtreſſe
Qui meſpriſaſt tout autre au fort de mon eſmoy,
Qu'eſtre deſſous le iong d'vne plus pitoyable,

Qui pour me retenir ſe rẽdit fauorable.
Mais qui fauoriſaſt les autres cõme moy.

Chanſon nouuelle. [corps

O Long filets de ſang ce miſerable
Tire du lieu qui fuit les liens de ſon ame,
Et ſeparé du cœur qui l'a laiſſé dehors
Dans les ſanglantes mains de ma cruelle dame, [morts
Il cherche furieux l'ombre de mille
Plus les rouges deſtins arrachant loin du cœur, [trailles
Mon eſtomach pillé i'eſpanche mes en-
Par le chemin marqué des pas de ma douleur:
Les beautez de madame ainſi que des tenailles,
Tirent l'vn d'vn coſté l'autre fuit mon malheur.
Mon malheur me pourſuit deſtournant par mes pas
Par mon ſang reſpandu, mon corps de place en place

Comme

Comme vn veneur baiſſans la teſte contre bas [ce
Remarque vn cerf fuitif aiſemẽt a la tra-
Et le pourſuit a l'œil iuſqu'au lieu du trepas.

Les champs ſont abreuuez apres moy de douleur
Le ſoucy l'encolie & les triſtes penſees
Renaiſſent de mon ſang & vient de mes pleurs
Et des cieux les rigueurs contre moy courouceees
Font ſeruir mes ſouſpirs a éuenter les fleurs.

Les piteuſes foreſts plorent de mes ennuys,
Les vignes des ormeaux les cheres eſpouſees
Gemiſſant apres moy & font plorer leurs fruicts
Mille larmes au lieu de tendrettes roſee
Qui naiſſent de Laurore, a la fuite des [nuicts

CRoire ne puis qu'en terre il y ait
amant,
Plus malheureux que ie ſuis n'y plus fi-
delle
Auſsi iamais ne croiray qu'au monde ſe
puiſſe trouuer
Maiſtreſſe de moins d'amitié
Ne qui ait moins de loyauté
M'as tu iamais nettement ton cœur de-
monſtré
Quand bien tu diſois
Tout le rebours tu voulois.
Fauce tu ſçais combien de douleurs
depits,
Crainte, hazars & trauaux i'ay enduré
Continuant ſi long temps t'aimer t'ho-
norer te ſeruir
Sans qu'il me peze en ſi long temps de
t'auoir oncques offencé
Pour le loyer de t'auoir ſeruy loyau-
ment
D'ennuis tu m'as fait vn miſerable ſom-
me.

Chanſon

Chanſon nouuelle.

VOle vole vol arondelle,
Vole belle arondelle,
D'aiſle leger en lair,
Gaye chãtãt durãt le plaiſant renouueau
Volle en liberté
Te moquant du roſsignol
Qui de l'eſpine en la poictrine piqué
Iour & nuicts ſe complaint.
Doreſnauant faudroit que ma grande foy,
Quelque allegeance receut par vray amour
Non de courage faintif au lieu de la roſe baillant,
Pour tout le bouton deflori, de ma ſimpleſſe te gaudis,
Mais ne ſerace iamais qu'ẽ toy ie verray
Autant de bonté que de malice cognu.

Chanſon nouuelle.

DAmes qui reluit toute beauté
En queſte ſuis de mon cœur s'aucune d'entre vous le tient

Point ne le vueille nyer
O qui la pris qui la pris celle me rende ſe
cœur.
Du dedans & dehors ie luy donray
L'enſeigne pour le choiſir
S'aucune, &c.
Et la glace & la braize le tient clos,
Chacun le gehenne à ſon tour.
S'aucune, &c.
Et de fleche amoureuſe trauerſe
Porte vn ſoleil de beauté
S'aucune, &c.

Chanſon nouuelle.

O Doux baiſer colombin
Poupin ſucrin tourterin
Qui ſur ces leures deſcloſes
Vas perſotant florotant
Mignotant & ſuçotant
L'œillet les lys & les roſes.
Ces menus ſouſpirs larrons
Ont tiré ſur les fleurons
De ſa bouche tendre & mole
Mon ame qui de plaiſir

Seulle, ne voudroit choisir
Autre lieu tant elle est folle.
Mais Baiser si tu voulois
M'arrousér vne autresfois
De ceste humeur familiere
Ie suis seur qu'au gré d'amour
Bien tost seroit de retour
En sa demeure premiere.

Chanson nouuelle.

QVe ferez vous dites madame,
Perdant vn si fidelle Amant?
Ce que peut faire vn corps sans ame
Sans yeux, sans poux sans mouuement.
N'en aurez vous plus de souuenance
Apres ce rigoureux depart?
Au cœur qui oublie en absence
L'amour n'a iamais eu depart.
De tant d'ennuis qui vous font guerre
Lequel vous donne plus de peur?
La crainte qu'en changeant de terre
Il puisse aussi changer de cœur.
N'vsez iamais de ce langage,
A sa fin vous faictes grand tort,

C'eſt vn cuident teſmoignage
Pour monſtrer que i'ayme bien fort
Son amour ſi ferme & ſi ſaincte
Doit tenir voſtre eſprit contant,
Ie ne puis que ie n'aye crainte
De perdre ce que i'ayme tant.
Auriez vous beaucoup de triſteſſe
S'il venoit à changer de foy?
Tout autant que i'ay de lieſſe,
Sçachant bien qu'il n'ayme que moy.
Quel eſt le mal qui vous offenſe
Attendant ce departement?
Tel que d'vn qui a eu ſentence
Et attend la mort ſeulement.
Quoy? vous penſes donques à l'heure
Qu'il s'en yra mourir d'ennuy?
Il ne ſe peut que ie ne meure
Mon eſprit s'en va quant & luy.
Si tel accident vous arriue,
Voſtre amour ne durera pas
La vraye amour eſt touſiours viue,
Et ne meurt point par le treſpas.

Chanſon nouuelle.

LA blanche Violette
En ce doux moys fleurist
Mainte fleur nouuellette
De toutes parts blanchist,
Mais des printannieres couleurs,
Mon immortelle
Est la plus gentille & plus belle,
La fleur des fleurs,
O belle fleur, cause de mes douleurs
Mon Immortelle,
De ta beauté la fleur nouuelle
Fait que ie meurs!
Maintenant la prairie
Au Soleil se fiant,
Apparoist embellie
D'vn esmail variant:
Mais en vain: car le vermeil teint
Du visage
Qui esleue au ciel mon courage
Les fleurs esteint.
O belle fleur, &c.
Pour titrer vne couronne
A son chef vertueux,

Où l'amour m'empriſonne
Autre de ſes cheueux,
Ie veux les threſors butiner
Qu'eſpand la terre,
Qui ialoux ſe feront la guerre
Pour s'y donner.
O belle fleur, &c.
Le blanc Lys & la Roſe
Voudront auoir l'honneur
Que leur moiſſon repoſe
Sur ce chef de bon-heur
Au deſſus d'elle on pourra voir
Comme vne nuë
Qui verſe vne pluye menuë,
Ces biens pleuuoir.
O belle fleur, &c.
Toute fleur amoureuſe
Voudra s'en approcher,
S'eſtimant bien heureuſe
Telle Nymphe toucher,
Qui comme Aurore, a touſiours plein
De cent fleurettes,
Où les amours font leurs cachettes,

Son riche ſein.

O belle fleur, &c.

Chanſon nouuelle.

MIgnonnette plus douillette
Que la roſe vermeillette
Qu'vn Zephire vigoureux
Hors du bouton eſclos pouſſe
L'ouurant d'vne haleine douce
Sur le roſier odoreux.

La roſe durant l'aurore,
De ſon vermillon honore
Ses taincelets verdoyans:
Si toſt que ſur la fleurette,
Le ſoleil du midy iette
Ses chauds rayons flamboyans.

La pauure languiſſante
Plaint ſa gloire periſſante
Triſte penchant à coſté
Tout le bouton en peu d'heure
Sans cheuelure demeure
Ou de ſon honneur oſté.

Ainſi florit la ieuneſſe,
Mais quand la courbe vieilleſſe

Nous prendra (quelle douleur)
De la claire & belle face
Que la laide ride trace,
Mourra la viue couleur.
La teſte en or iauniſſante,
En argent va blanchiſſante,
La rouille en croutte les dents,
Les durs tetins plus ne tirent,
Mais flacs au ſein ſe retirent
Par la poitrine pendants.

Chanſon nouuelle.

ON demãde en vain q̃ la ſerue raiſõ,
Rompe pour ſortir l'amoureuſe priſon,
Plus ie veux briſer les liens de Cipris,
Plus ie me vois pris.
L'eſprit incensé ne ſe paiſt q̃ d'ennuys
Plaintes & sãg lors me repaiſsẽt les nuits
Pour guerir les maux que l'aueugle vainqueur
Cauſe dans mon cœur.
Prẽ pitié des tiẽs, tire hors de mõ flanc,
Tãt de traits lãcez ennyurez de mõ ſang

Moindre

Moindre ſoit l'ardeur de tõ aſpreflãbeau
Archerot oyſeau. [ſiours
Ou ſi mon tourment renouuelle tou-
Il me faut trancher le fillet de mes iours,
Sur le traiſtre enfant ie ſeray plus fort,
Quand ie ſeray mort.

Chanſon nouuelle.

M'Oſtãt le fruict de ma fidelle attẽte
On veut helas! q̃ ie ſois vn rocher
Que ie me taiſe & que rien ie ne ſente,
Mais ſi grand dueil que ie ne puis cacher
Fend ma poitrine & fait que ie m'eſcrie,
Il eſt aisé de tromper qui ſe fie.

Ie m'aſſurois plain d'amoureuſe flãme,
Sur des ſermens qui ſouuẽt m'ont deçeu
Mais quel ſerment peut iurer vne fẽme:
Helas trop tard, pour mõ biẽ ie l'ay ſceu
O que mon cœur eſt preſsé de furie
Il eſt aisé de tromper qui ſe fie.

Si tu te plains ame volage & fainte
Du chaud deſpit mon courage irritant
Las cõtre toy i'ay bien plus iuſte plainte
Tu fais le mal & ie le vois ſentant,

C'eſt tout le fruict de t'auoir bien ſeruie
Il eſt aisé de tromper qui ſe fie.

Rend moy mon cœur desloyalle maiſtreſſe
Ce n'eſt raiſon que tu l'ayes à toy
Pour ſa bonté, trop grande eſt ta fineſſe
Il eſt fidelle, & tu n'as point de foy:
Tu as aſſez ſa franchiſe aſſeruie
Il eſt aisé de tromper qui ſe fie.

Ton nom iamais en mes vers ne ſe liſe,
A celle fin qu'on ne puiſſe auerer
Qui fut l'eſprit ſi remply de faintiſe
Ie t'aimoy trop pour te deshonnorer
En ma douleur il ſuffit que ie die
Il eſt aisé de tromper qui ſe fie.

Heureux Amant gouſtãt la iouiſſance
Du fruict que i'ay tant de fois ſauouré
Regards, ſouſpirs, faueurs en habõdance
De ſon amour ne te rend aſſeuré
A tels appas elle arreſta ma vie
I'en fus trompé, iamais ie ne m'y fie,

Chanſon nouuelle.

Fuyez

FVyez d'amour l'inconstante nature
Que fait ses traits aux vollages sentir
Dõt au premier si douce est la pointure
Dont nous sentons trop tard le repentir
Amour corrompt la fantasie,
Qui de telle peste saisie
Rend l'esprit vaincu furieux:
De la raison se faisant maistre,
Comme enchanteur fait apparoistre
Mille fantosmes à noz yeux:
Ne logez point ce Sorcier, ce Prothee,
Qui feu-leger, aueugle, enfant, oyseau,
Change tousiours de figure empruntee:
Et ne se plaist qu'en vn suiect nouueau:
Qui, fier, en nostre sang se bagne,
Que tousiours la fraude accompagne.
Voyez la fille de Minos
Que Thesé laissa sur le sable,
Ingratitude detestable
Pour recompense d'vn repos!
Fuyez, fuyez ceste cruelle beste.
Deuãt qu'elle ait les ongles & les dants,
Deuãt qu'elle ait vne entiere conqueste

Pour vous rõger de mille ſoings mor-
Ses ongles ſont la ialouſie, [dans.
Maint ſopçon mainte reuerie:
Il faut ce ſerpent eſtouffer
Quand petit en nous il s'engendre:
C'eſt vn faict d'Hercule entreprendre
Que pouuoir de luy triumpher.
Si quelqu'vn dit qu'il eſt peint de viſage,
Beau de couleurs, dont on eſt attiré:
Le Sphinx Thebain auoit vn tel plumage
D'or iauniſſant, & d'azur peinturé.
Ainſi qu'Iris la nuagere
Bigarre ſa robbe legere
Aux raix du Soleil opposé
Amour ſe deſguiſe en cent ſortes
Pour receuoir les moins accortes
Dont l'eſprit eſt mal auisé.
Amour deſtuict en ſa priſon noz vies,
Et bien ſouuent lamente enueloppant
Au labyrinth de voyes mal ſuiuies,
Le fil d'eſpoir au ſortir va couppant.
C'eſt affranchir vne Andromede
Que pouuoir y donner remede

Qui

Qui tel Sphinx pourroit ſurmonter,
Qui tant de pucelles deuore,
Plus qu'Odipe il auroit encore
Dequoy ſa memoire augmenter.

Chanſon nouuelle.

QVe ſert de confeſſer par humble repentance
Abaiſſant tes beaux yeux deuant Dieu ton offenſe
Et tes pechez ainſi, puis que tu ne te rend pas:
Mon cœur pris en tes lacqs?
Outre la repentance il cõuient ſatisfaire
Il faut rendre à l'autruy ſon auoir neceſſaire
N'eſperez autrement ſans ſatisfaction
Prendre abſolution.
Pluſieurs ans ſont paſſez que ta main laronneſſe
Vollant ma liberté, s'en rendit la maiſtreſſe:
Si tu veux que le Ciel entende à ta clameur

Redonne moy le cœur.

Il te cõuient encor' rendre toutes les fleches
La trouſſe & l'arc doré dont tu fais mille breches,
Les fillets cauteleux, la flamme & le brandon
Rauis à Cupidon.
Toutesfois deſrobãt a Cupidon ſa gloire
Tu ne fais qu'augmenter le nom de ſa victoire:
Et ce n'eſt rien au pris de te tenir à toy
Mon cœur deſſous ta loy.
Que ſi le confeſſeur, du peché te deſlie
Affranchiſſant tõ ame, en cela ne te fie:
L'eſclair de tes beautez l'a ſi biẽ esblouy
Qu'il ne t'a point ouy.

Chanſon nouuelle.

COmme vne ieune fleurette,
En la ſaiſon nouuellette
De la terre l'ornement,
Qui eſt par l'Aube arrouſee,
De tendre & nette rouſee,
Prend vn bel accroiſſement.

Comme

Comme d'vne douce haleine
Zephir qui ſouffle la plaine
La tient fraiſche en ſa chaleur:
Et Phebus qui la regarde,
Ses rayons pourprés luy darde
Et la peint de ſa couleur.
Mais ſi Zephir, ſi l'Aurore,
Si Phebus qui la colore
En retirent leur faueur:
La pauure fleur delaiſſee,
Sa beauté eſtant paſſee
Perd ſa grace & ſon honneur.
Ainſi quand ſur moy vient luire
Ton bel œil me daigne rire.
C'eſt vn ſoleil radieux,
Qui rend ma face plus claire,
Qui iuſques au cœur m'eſclaire,
Par la viſtre de mes yeux.
Quand à mon oreille touche
La voix qui ſort de ta bouche
C'eſt le vent du renouueau,
Qui de la fraiſcheur m'apporte,
Encontre l'ardeur trop forte,

D'amour & de ſon flambeau,
Quand ſuçeant ſa leure belle
Le deſrobe vn baiſer d'elle,
Ce n'eſt que Manne & miel:
Dont eſt mon ame nourrie,
Comme l'herbette fleurie
De la douce humeur du ciel.
Mais ſi ta faueur ſe change,
Par quelque malheur eſtrange,
Ie ſeiche & perts ma vigueur:
Celle qui me donne vie,
De viure m'oſte l'enuie
Me tuant de ſa rigueur.

Chanſon nouuelle.

TOutes les herbes croiſſent,
Par toutes les valees,
Toutes les fleurs paroiſſent,
Les eaux ſont degelees
Il n'eſt que ton amour
Qui deſcroiſt nuict & iour,
Il n'eſt que ton amour
Qui gelle nuict & iour.
Douces ſont les fleurettes

Doucettes ſont les herbelettes,
Seulement ton amour,
M'eſt amer nuict & iour.
Tous les champs rauerdiſſent
Et d'eſpoir ſe nourriſſent:
Et i'ay de ton amour
Deſeſpoir nuict & iour.
Doux le vent de Zephire
Qui doucement ſouſpire:
Seulement ton amour
M'eſt rude nuict & iour.
Tout ry ſur les montaignes
Tout rit ſur les campaignes,
Et ſeul pour ton amour
Ie pleure nuict & iour.

Chanſon,

PLeurs & ſouſpirs ie vo⁹ ouure la porte
Allez trouuer la beauté que i'admire,
Plaignez ma peine & ma douleur trop forte.
Faictes luy voir ce que ie n'oſe dire
Puis que le ciel enuieux eſt contraire
Ne me permet ce que plus ie deſire.
Plaignez l'ennuy, qui fait q̃ ie n'eſpere

Pour tout espoir qu'vne mort souhait-
Heureux repos à ma longue misere. [tee
1 Las! quand mon ame est plus fort tour-
mentee,
C'est quand ie suis ioyeux en apparence
Couurant mõ mal d'vne ioye emprũtee
C'est vn grãd mal de sentir dedãs l'ame
L'ardant effort que la chaude estincelle,
Du feu qui part des beaux yeux d'vne
dame.
C'est vn grand mal de se seruir cruelle
Et toutesfois pour le mal qu'on supporte
On a plaisir quand on la voit si belle.
C'est vn grand mal voir vne extreme
rage,
Quand ialousie auec amour s'assemble,
Troublant les cœurs d'vn violent orage
Et toutesfois tous ces maux mis ensẽble
N'approchẽt point de ma grieue tristesse
Qui seulement à son sembler ressemble.
Las! seulemẽt ma douleur ne me blesse,
L'ire du ciel n'en seroit assouuie:
Mais la douleur de ma belle maistresse.

Celle

Celle qui m'eſt plus chere que la vie
Eſt au regret durement affligee
D'vn inhumain qui la tient aſſeruie.
Et ce qui rend mon ame plus chargee
C'eſt q̃ ſon mal de mõ malheur procede
Sans que ie puiſſe en la rendant vangee,
Vanger ma mort & luy donner remede.

Chanſon nouuelle.

QVand au matin le grand flambeau des cieux
Pere du iour commence ſa carriere,
La nuict s'en volle & ſa belle lumiere,
Mille treſors ouure deuant noz yeux.
Quãd au premier, le flãbeau de mõ ame
Mon beau ſoleil à mes ſens eſclaira
Tout bas deſirs de moy ſe retira,
Rauy de voir les beautez de ma dame.
Mais cõme on void Phebus en s'auãçant
Sur le Midy plus de chaleurs eſpandre
Les vents ceſſer & la terre ſe fendre
Aux rais du chaud noſtre œil esblouiſſant,
Ainſi la flamme eſpriſe en mon courage
Aux

Aux premiers iours bluettant douce-
ment,
Eſt cruë en force, & me va conſumant
Troublant ma veuë au corps de mon
viſage.
En fin la nuict à ſon tour commandant,
Par ſafraicheur eſteint l'ardeur cuisãte
Couure de noir toute choſe plaiſante,
Et le ſommeil va ſur nous reſpandant.
Ainſi la mort de la flamme cruelle,
Flamme d'amour, la fureur eſteindra,
Et pour iamais le ſommeil me tiendra:
Couurant mes yeux d'vne nuict eter-
nelle.
Bien qu'vne fieure tierce, en mes veines
boillonne,
De cent troubles diuers, mon eſprit
agitant,
Medecins abuſez, ne dites pas pourtãt
Qu'vne humeur colericq' ces tem-
peſtes me donne:
Ie ſuis trop patiẽt, ie n'offence perſonne
Et vay de mes amis le courroux ſup-
portant,

portant,
Tout paisible & tout coy, c'est qu'en me despirant
Ie remasche vn venin qui le cœur m'empoisonne.

Chanson nouuelle.

CE rare blanc, que le vulgaire prise
D'vne blancheur le lustre peu durable
Sera tousiours ennemy de mes yeux
Nuict à la veuë & soudain est terny,
Et du noir brun l'object plus gracieux,
Mais l'œil se tiēt ferme en l'object bruny
Donra mon cœur à vne brune emprise.
Et seul le trouue à soy tousiours sēblable

En peu de temps la neige est escoulee,
Et peu d'humeur souille son pasle front
Mais de long temps la glace ne se fond,
Ains reste forme apres estre foulee.

La blanche fleur dessus l'arbre en peu d'heure
Seiche & fletrit en terre l'on voit choir,
Mais le fleuron qui tire sur le noir,

Plus

Plus longuement en sa beauté demeure.
Blãche est la plaine de l'Affricain riuage
Que le soleil va tousiours eschauffant:
Noir le seiour qui les Nymphes deffend
Du chaud bouillant & noir est leur boccage.
Blanc le terroir où naissent à la peine
Du laboureur les ronces & chardons:
Noir le bon champ de Ceres les dons,
Du maistre heureux, comblant la grange pleine.
Blãche est le iour la lumiere nouuelle,
Qui des humains rameine les trauaux:
Brune la nuict qui repose leurs maux
Et dans son sein leurs forces renouuelle.
Blanche est la main qui au loing me repousse,
Lors que ie veux desrober vn baiser:
Noir le bel œil qui seul peut m'appaiser
L'œil d'amour, l'arc, les flesches & la trousse.

Chanson nouuelle.

AMour dy moy de grace (ainsi de tous humains,

Et des dieux ſoit touſiours l'empire entre mains)
Qui te fourniſt de fleches?
Veu que touſiours colere en mille & mille lieux,
Tu perds tes traicts és cœurs des hommes & des dieux,
Empennes de flammeches?
Mais ie te pry dy moy! eſt-ce point le dieu Mars [dats
Quand il reuiẽt chargé du butin des ſol-
Occis à la bataille? [neaux
Ou biẽ ſi c'eſt Vulcan, qui dedãs ſes four-
(Apres les tiens perdus) s'en refait de
Et touſiours t'en rebaille: [nouueaux
Pauuret (reſpond Amour) & quoy ignores-tu
La rigueur, la douceur, la force & la ver-
Des beaux yeux de t'amie? [tu
Plus ie reſpand de trais ſur hommes & ſur Dieux,
Et plus en vn moment m'en fourniſſent
De ta belle Marie. [les yeux

Chanſon

Chanson nouuelle.

APres que tu m'eus offensé
I'inuoque d'amour la puissance,
A fin que ton cœur fust blessé,
Et qu'il eust de toy la vengeance
Ce Dieu m'entendit volontiers
Et pour mieux te faire malade
Aiguisa ses traits les plus fiers
Mais peu seruit son ambuscade.
Neuf fois il essaya d'entrer
En ton ame à trauers ta veuë,
Mais il y vint à rencontrer
La force qui m'est si cognuë.
Les rais infinis de tes yeux
Sagettes longues & bruslantes,
Poignãt celuy qui point les dieux
Rompirent ses fleches vollantes
Lors, despit, sa main il hauça
Et du bel œil dont il se iouë
De telle rigueur t'offença
Qu'il te meurdrit toute la iouë.
C'est dequoy ta face est ainsi
Aupres de l'œil toute meurdrie

Mais ce t'est bien peu de soucy
Pres du mal dont tu perds ma vie.

Chanson nouuelle.

QVe la lumiere est vne belle chose!
C'est à mõ gré du mõde le plusbeau
Si ce n'estoit que tout elle dispose
Le mõde entier sembleroit vn tombeau:
De la lumiere aussi la vie est prise,
Et n'y a rien qui n'en retienne vn peu,
Tout animal aussi tost qu'il s'auise
Comme à sa vie il accourt à son feu.
Ie le voy biẽ ores qu'ẽ la nuict sombre
Tant de poisson à la chandelle vient,
Et sans preuoir q̃ c'est pour sõ encombre
Court au rayon où sa perte se tient.
Ie le voy bien or' que par les tenebres
Les passereaux vollent à la clairté,
Et ne sçachans q̃ tels feux sont funebres
S'en viennent perdre & vie & liberté.
Ainsi que moy qui voyant en Madame
Luire beaucoup de diuine splendeur,
Y accourus comme au bien de mon ame
Mais i'i trouuai ma mort & mõ malheur.

Chanſon nouuelle.

O Deſerts eſcartez
Remplis d'effrois, d'horreur & de
te nebres,
Ou ie reſpãs mes complaintes funebres
Que vous me contentez.
Mes aſsiduz ſanglots
Vrais meſſagers de mon cruel martyre,
Sont plus frequẽts que Thetis en ſon yre
Ne regorge de flots.
Las ce ne ſont les pleurs
Ny les ardeurs d'vne flamme ordinaire
Qui m'ont à coup fait deuenir forçaire,
En la mer des malheurs.
C'eſt vn gauche deſtin
Qui m'a tramé tãt de morts inhumaines,
En me plongeãt en vn gouffre de peines
Sans eſpoir d'vne fin.
Que du clair Appolon
Iamais à moy ne paruiennent les treſſes,
Ains que du ciel les foudres vengereſſes
Me ſeruent de brandon.
Que les autres obſcurs,

Me

Me ſoyēt ſeiour & me ſoyent cōpaignie,
De Baſilics vne troupe ennemie,
Aux yeux fataux & durs.
Que les traiſtres hiboux
Sur le rocher de mon antre effroyable
Soit à iamais preſage veritable
Du celeſte courroux.
A, ie ſens lentement,
Que hors de moy fuyt la chaleur vitale,
O cieux cruels, puis que mon ame exalle
Fniſſez mon tourment.
Nymphes de ſes deſerts,
Ne plorez plus ma mort tant deſiree,
I'ayme trop mieux que ma tombe hon-
noree,
Soit de ſes triſte vers
Celuy qui giſt icy
Des cœurs ſuiects à l'amoureuſe flamme,
Fut le Phœnix, mais ſa cruelle dame
A ſon iour obſcurcy.

Chanſon nouuelle.

IE m'en eſtois allé
Maintenant ie retourne:

Vn petit peuple ælé
Qui pres de toy ſeiourne
M'eſt venu retenir
Pour me faire venir.
C'eſtoient petits enfans
Qui mon chemin guetterent
Les vns des traits ardans
Mes yeux eſpouuenterent,
Autres de liens fors
M'enchainerent le corps.
De ces petits garçons
L'vn auoit ton viſage,
L'autre auoit tes façons,
L'autre auoit ton langag
L'vn tes ris amoureux
Et l'autre tes cheueux.
Eux ſe iettans ſur moy,
Vn de toute la bande
Diſt: Ne ſois en eſmoy
Ta Dame te demande
Peux-tu viure content
Loing d'elle t'abſentant?
Donc ainſi qu'vn captif

Qu'on reprend à la fuyte
Ils m'amenent fuitif
Et ie ſuy leur conduite
Voyant que mon deſir
Conſent a leur plaiſir.

Chanſon nouuelle.

SI lors qu'vn amant te ſupplie
Tu te ſens mouuoir à pitié,
Pour fruict de ma ſaincte amitié
Par vn baiſer rend moy la vie.
Mais ſi pour te rendre aſſouuie
Ma mort auſsi ſoit tant ſoit peu
Sans me laiſſer languir au feu
D'vn lõg baiſer pren moy la vie.
Si rendant mon ame aſſeruie,
Tu me veux oſter du danger,
Vueille mon tourment alleger,
Et d'vn baiſer paiſtre ma vie.
Mais ſi le malheur qui me lie
Pouuoit accroiſtre ta beauté,
Sans vſer d'autre cruauté
D'vn lõg baiſer pren moy la vie.
Si tu veux ma douce ennemie

Qu'en mourant chacun iour pour toy,
Ie t'ayme cent fois plus que moy,
Par vn baiſer rends moy la vie.
Mais bien ſi tu n'as nulle enuie
Que ta raiſon dompte l'horreur,
Eſprouue à mon dam ta fureur,
Et d'vn baiſer prens moy la vie.
Regarde donc chere Thelye,
Beauté qui cauſe mon treſpas
Pour te ſeruir ie ne veux tes pas
D'vn baiſer prolonger ma vie?
A! cruelle, la courtoiſie
Ne t'incite à me ſecourir,
Toſt vn cercueil, ie veux mourir
Pour te rendre vn coup aſſouuie.
Mais pour mon tourment adoucir,
D'vn long baiſer prens moy la vie.

Chanſon nouuelle.

CVpidon s'en alla ioyeux
Parmy les champs en diuers lieux
Voyant ton obeiſſance,
Quand au milieu des bois touffus
Deuant luy ſe trouua confus

Vn

Vn qui viuoit ſous la puiſſance.
C'eſtoit vn ieune homme amoureux
Qui portoit le teint d'vn honteux:
Auſsi la honte eſtoit ſa guide,
Et ſe tenant aupres de luy
Gardoit qu'il ne diſt ſon ennuy
Et touſiours le rendoit timide.
Sans plus ſes maux eſtoient contez
Aux bois & deſerts eſcartez
Qui n'entendoient pas ſa complainte,
Mais tenoient ſon feu bien ſecret,
Et ſi leur diſant ſon regret
La honte luy en donnoit crainte.
Or de l'amour il s'approcha
Mais Amour à luy ſe faſcha
Et luy diſt: Ie ne fay point conte
De ceux qui ont faute de cœur
Pour les craintifs n'eſt ma faueur
Ny pour ceux qui ſuiuent la Honte.

Chanſon nouuelle.

VOus auez donc ô pauures yeux
Donné ſauf-conduit & paſſage
Au plus cruel de tous les cieux

Et plus enclin à faire outrage,
Tant qu'auec tout son equipage,
Ses fleches & son arc cogneu,
Son carquois & son beau pēnage
Dans mon cœur loger est venu.
Las à il vit à discretion,
Et son hoste il cherit & traicte
Comme n'ayant intention,
De faire iamais sa retraicte
Qu'il n'ay veu esteincte & deffaicte
Toute sa puissance & vertu
Et rendre à vne subiecte,
Par qui luy mesme a combatu.
Et pour sa vie entretenir,
De mon sang commence à ce paistre
Dont ma face on void se ternir
Qui coloree souloit estre:
Les pleurs & souspirs qu'il fait naistre:
Il ne laisse sortir dehors
A fin qu'on ne puisse cognoistre
Le mal qu'il me fait dans le corps.

Chanson nouuelle.

HA Dieu que la peine eſt cruelle
Dont amour me faict conſumer
Ie ſers vne dame infidelle
Et ne puis ceſſer de l'aymer.
La marine eſt plus arreſtee
Et du ciel les hauts mouuemens,
Bref tout ce qu'on lict de Prothee,
Ne s'egalle à ſes changemens.
Ores ie ſuis ſeul en ſa grace,
Ce n'eſt qu'amour, ce n'eſt que feu:
Subit vn autre prend la place,
Et feint de n'auoir iamais veu.
Ce nouueau, fier de mon dommage
Qui ſe forge vn heur ſi content,
Auſsi toſt ſe trouue au naufrage,
Et me void au port tout conſtant.
I'ay fait par arts & par nature,
Tout ce qu'vn amant peut penſer
A fin d'arreſter ce Mercure
Sans iamais rien y auancer.
Las! ce qui plus me deſeſpere,
C'eſt qu'auec tout ce que i'en voy,
Mon eſprit ne s'en peut diſtraire

Et l'adore en despit de moy.
Si ialoux ie franchis la porte
Iurant de plus n'y retourner
Mon pied malgré moy m'y reporte,
Et ne sçaurois l'en destourner.
C'est tousiours accord ou querelle
O miserable! que ie suis,
Ie ne sçaurois viure auec elle,
Et sans elle, aussi ie ne puis.

Chanson nouuelle.

BLanc est le laict, le lys & le pennage
Du Cygne Châtre à Phebus cõsacré
Blanc est le mont du haut Athné sacré
Athné seiour du Syclope sauuage.
Blãc est aussi le marbre qu'on cõtem-
Dedans Paros au feste d'vn rocher, [ple
Dont le Romain le venoit arracher,
Quãd il voüoit à ses dieux quelque tẽple
Blanche est aussi la rose dont l'aimante
Orne son chef & son tertre iumeau,
Lors que progne gaye du temps nouueau
Pour Ithys se deut & se lamente.
Blanche est aussi la Perle qu'au riuage

De

De l'Ocean, indigne va cueillant
De Portugais d'auarice bouillant,
Qui point ne craint de Neptume l'ora-
Blanche est la dent de l'animal [ge.
qu'on dompte
Par le discours de la viue raison,
Qui sur son dos soustient vne maison,
Et en grandeur tous animaux surmonte.
Mais plus que Laict, que Lis, que Cigne
& Rose,
Que Neige, Iuoyre, ou Marbre paryen,
Plus que n'est blanc le Ioyau Indien,
Blanche est la main qu'icy nommer ie
[n'ose

Chanson nouuelle.

QVand vous aurez vn cœur plein
d'amour & de foy
Pur, entier & constant pour m'offrir en
eschange,
De celuy si loyal que vous auez de moy
Ne vous defiez point qu'autre part ie me
range,
Mes tandis qu'en m'aymant ou faignant
de m'aymer

Ie vous verray voller pour tant d'amours nouuelles,
N'esperez s'il vous plaist de pouuoir m'enfermer,
Comme vostre esprit le mien aura des aisles.

Ie ne suis point de ceux qu'en doute il faut tenir,
A fin que leur ardeur dure en sa violence,
La seule affection peut mon feu maintenir,
Qui s'esteint aussi tost que i'entre en mesfiance.

I'ayme mieux peu de bien l'ayant en seureté,
Qu'vn plus riche tresor, prest à faire naufrage:
I'ayme mieux m'asseurer d'vne moindre beauté
Que d'vne autre iouyr plus belle & plus volage.

Vostre bouche & voz yeux riches de mille

mille appas
Meritent bien qu'on meure en leur obeiſſance,
Mais voſtre eſprit leger ne le merite pas
A ce que l'vn contrainct, l'autre nous en diſpenſe.

Amour eſt vn deſir de iouyr & d'auoir
Pour ſoy tant ſeulement l'object que beau nous ſemble
Iamais de cõpagnon il ne veut receuoir:
Cupidon ne ſçauroit lier trois cœurs enſemble.

Ne vous eſtonnez donc que ſi ſoudainement
Cognoiſſant voſtre humeur, autre part ie me iette,
C'eſt que ie veux baſtir ſur meilleur fondement
A fin que mon amour au vent ne ſoit ſubiette.

Chanſon nouuelle.

L'Aurette ma chere alliance
Si tu deſires me ranger
Sous le ſceptre de ta puiſſance

Tu

Tu me dois ton cœur engager
Me iurant amour mutuelle
Ma foy ſous ta foy ſe rendra:
Et lors toute flamme immortelle
Pluſtoſt que mon feu s'eſtaindra.
Le deſeſpoir a de couſtume
De ſauuer vn camp tout perdu,
Et ſouuent le cœur qu'il allume
Au vaincu le pris a rendu:
C'eſt le moyen qui me deliure
Des priſons où i'ay longuement
Aimé plus mourir que reuiure
En ma liberté doucement.
Ores comme eſtant enuieuſe
Du bien que m'ont rendu les dieux
Toute belle & ingenieuſe
Tu me rends des filets aux yeux
Cache toy ie te pry Laurette
Ne m'eſlance plus ces regards,
Ils font mal comme la ſagette
D'Apollon d'Amour & de Mars.
Ou bien s'il te plaiſt de me prendre
Soit priſe auſsi de ton coſté,

Vn fer plus aygu ſe peut rendre
Quand d'vn autre il eſt irrité,
Deux pierres choquant l'vne l'autre
Font ſortir vn feu mutuel,
L'amour de nous deux toute noſtre
En feroit vn perpetuel.
Laurette tu entens la ſorte
Comment ie veux m'aſſubiectir
Il ne faut que le temps m'apporte
Recompenſe d'vn repentir,
De plus aimer ie me deſiſte
Voulant mon aiſe recouurer,
L'ingratitude eſt l'amethyſte
Qui me gardera d'enyurer.

Chanſon nouuelle.

CE n'eſt pas vous paſſagere arondelle
Qui annõcez le retour du printẽps
Mais auſsi toſt que mes cinq bras i'eſtens
I'ouure la porte à la ſaiſon nouuelle.
Mais mõ printẽps dont le ieune viſage
Rit dãs les cieux, n'emporte ce bon heur
Que des ſaiſons c'eſt le premier hõneur
Sur les fleurs donc i'ay pareil auantage.

Voyez

Voyez le fruict qui ſi toſt qu'il cõmẽce
Ieune & enfant a deſcouurir les cieux,
Il deuient blanc de mon teint enuieux,
Et i'ay l'hõneur de ſa premiere enfance.

Le ciel la haut de ma couleur choiſie
Dore ſes yeux & honnore ſon front:
Le ciel eſt blanc & les aſtres le ſont,
Et ma couleur leur ſert de ialouſie.

Le lys eſt blanc & d'autant agreable
Que c'eſt de moy qu'il emprunte ce biẽ
Sans ma blancheur le lys ne ſeroit rien,
Car rien n'eſt beau que ce qui m'eſt
ſemblable.

L'on priſe tant vne gorge d'yuoire,
Vne dent blanche vn teton nouelet
Haut s'eſleuant en deux gazons de l'air,
Dictes de grace à qui en eſt la gloire?

Qui veut venter pour parfaire vne
choſe,
Vne beauté dont l'amant eſt ſurpris,
Qui des beautez ſoit l'honneur & le
pris:
Ne dit on pas qu'elle a le teint de roſe.

Se trouue il beauté qui se cõpare [yeux
Aux grands beautez qui luisent sur les
De vous, madame ? vn miracle des cieux
Et ma blãcheur, c'est cela qui vous pare.
Si tost qu'on voit q̃ l'aube viẽt s'esclo-
Qu'elle s'esueille & laisse son seiour. [re
Ie viẽs à naistre au mesme poinct du iour,
Que ie sois donc la fille de l'Aurore.
I'ay la couleur entiere, simple & pure,
Sans art, sans fard & tu es desguisé
Mon teint doit donc d'autãt estre prisé,
D'autant que là est moins que la nature.
De ce beau sang ma fleur est honoree,
Mais quelque temps tu fus cõme ie suis
Tu as porté ma blancheur, & depuis,
Du sang d'Aias ma face est coloree.
De verd l'on peint la trõpeuse esperãce
La couleur noire est signe de douleur:
La cruauté se peint de ta couleur,
Mais comme moy s'abille l'innocence.

Chanson nouuelle.

I'Ouure la porte à la saison ardante
C'est moy qui suis le courrier de l'esté

Ie ſuis la fleur ſon pris & ſa beauté
Sur toutes fleurs la mienne le contente.

Mais mon eſté quãd ta ſaiſon eſt faite,
Accõplit tout, meurit tout eſt parfaict,
Des quatre enfans de l'an le plus parfaict,
Sur les fleurs dõt ie ſuis la plus parfaicte.

Le fruict eſt blanc en ſa tẽdre ieuneſſe
Mais auſſi toſt qu'il a ſon aage atteint
Il deuiẽt rouge & pert ſon premier teint
Et prẽd de moy l'honneur de ſa vieilleſſe.

Ce beau Soleil q̃ du ciel nous regarde
Monſtre ſon teint qui au mien eſt pareil,
Ie ſuis vermeil le Soleil eſt vermeil
Et ma couleur eſt le teint qui le farde.

Le lys eſt blanc, & tu es auſſi blanche,
Mais ie ne ſuis ialoux de voſtre ſorte:
Car ce beau lys d'vne puante ſorte:
Et toy tu as l'eſpine pour ta ſorte.

Dictes de grace vne ioue vermeille,
Vn beau corail ſur la leure croiſſant:
Vn bouton rouge au ſein apparoiſſant:
Qu'eſt-ce la qu'vne rare merueille!

Lors que Venus colore ſon viſage,

Et

Et qu'elle veut appaiſer le courroux,
Et le martel de ſon mary ialoux [ge
C'eſt ma couleur qu'elle prend en parta-

Riẽ n'eſt ſi beau que ſa beauté n'efface,
Mais iugez biẽ que le plus poignãt traict
Qui fait priſer vn ſi diuin portrait.
C'eſt ma couleur qui adioute la grace.

Si toſt qu'on voit la lumiere feconde
Du beau Soleil dedans l'air s'eſcarter
Mon pourpre auſſi ſe vient a eſclater
Que ie ſois donc fils du grand œil du
monde.

Pourquoy Venus a qui tu es ſacree
Te colora du ſang de ſon berger?
Il faut penſer t'ayant voulu changer
Que ma couleur plus que la tiẽne agree.

Le ſang guerrier en vne ame eſchauf-
fee
Paſſe le ſang d'vn amoureux tranſi
Et il faut donc que ie te paſſe auſſi
Et que ſur toy i'emporte le trophee.

Le ſimple amant qu'vn fol deſir enflame

Prend ta couleur sa simplicité
Mais ma couleur sert de fidelité
Quand l'amant meurt pour l'amour de
sa dame.

FLORE.

Ne tentez plus le hazard de fortune
Sortez en paix d'vn combat si douteux
Vne beauté vous doit auoir tous deux
A vous deux dõc la louange est cõmune.

Chanson nouuelle.

CRuelle loy d'Amour & de ma desti-
nee,
Las on voit que chacũ fuit ordinairemẽt
La cause de son mal, & mõ ame obstinee
Cherche ce qui me tue, & le suit folle-
ment!
Ie sçay que i'entreprens vne chose trop
grande,
D'aimer, homme mortel, vne diuinité
Mais de faire autremẽt ie n'ay la liberté:
La raison ne peut rien quand la force
commande.
Pour le moins en souffrant la douleur
qui

qui m'offence
Et qui blesse mon cœur, ce m'est grand reconfort
De voir que voz beautez excusant mon offence,
Et que mon haut desir eternise ma mort,
Car si ie meurs, ma Dame, en vous faisant seruice,
Iamais plus grand honneur ie ne puis acquerir:
Vous me recompensez en me faisant mourir:
Pourueu que ma douleur par mon trespas finisse,
Aussi ie ne me plains q̃ me soyez cruelle.
Mais, las! ie suis marry de ce qu'en me tuant
Et payãt de rigueur mon seruice fidelle,
Vostre hõneur peu à peu se va diminuãt,
Car si tost qu'on sçaurra la perte de ma vie
Chacun craignant son mal loin de vous se tiendra,

Et vous accuſera quand il ſe ſouuiendra
Que vous m'aurez tué pour vous auoir
ſeruie.
Si donc ma paſsion n'eſmeut voſtre
courage
Si vous n'auez ſouci de ma ferme amitié,
Au moins en m'offenſant ne vous faites
dommage:
Ayez de voſtre honneur, & non de moy
pitié.

Chanſon nouuelle.

SI iamais plus ma liberté i'engage
Aux faux Amours iadis roy de mon
cœur,
Que ie languiſſe en eternel ſeruage.
Si iamais plus ſon feu bruſle mō ame,
Que ie n'eſprouue en aimant q̃ rigueur,
Et q̃ mes pleurs facēt croiſtre ma flāme.
Si iamais plus vne beauté mortelle
Tient mon eſprit en la terre arreſté,
Que mō mal ſerue à la rēdre plus belle.
Si iamais plus pour ſes yeux ie ſouſpire,
Que mes ſouſpirs croiſſent ſa cruauté,

Et

Et de mes cris ne se face que rire.
Qu'elle soit folle, incōstāte & volage,
Que i'en enrage & qu'en me despitant
De la laisser ie perde le courage.
Que de l'aimer ie rougisse de honte,
Et toutefois que ie luy sois constant
En luy voyant d'vn vallet faire conte.
Que toute nuict à son huis ie lamēte,
Et qu'elle soit à ce mocquer de moy,
Au brasd'vn autre heureusemēt cōtente.
Qu'vn chaut martel qu'vn aspre ialousie
De cent fureurs recompassent ma foy,
Et que tousiours mon ame en soit saisie.
Que mon teint palle & mon visage blesme
De tant d'ennuis maigre & defiguré,
Me soit horrible & m'estonne moy mesme.
Que le Soleil, à regret me regarde
Bref, que le ciel contre moy coniuré
Pour mō salut ma mort mesme retarde.
Mais si d'amour la sagette meurtriere

Ne me peut plus deſormais entamer,
O iuſtes Dieux accordez ma priere.
Qu'en peu de iours ceſt œil mon aduerſaire,
Flãbeau d'Amour qui m'a fait cõſumer,
Perdre ſa flamme & ſa lumiere claire.
Que ſes cheueux, dõt mõ ame fut priſe,
Laiſſant ſon chef apres auoir changé
Leur couleur d'or en vne couleur griſe.
Que de ſes mains ſon miroir elle rõpt
Voyant ſa face & que ie ſois vangé
De ce criſtal, qui maintenant la trompe,
Qu'elle ait regret à ſa ieuneſſe folle,
Et qu'elle apprẽne, helas trop cheremẽt.
Que la beauté comme le vent s'enuolle,
Lors ſans danger, ſans douleur & ſans crainte,
Ie me riray d'auoir ſi longuement
A la ſeruir ma liberté contrainte.
Puis ie prendray ſa vaine repentance
Et ſes ſouſpirs pour heureux payement
De mes douleurs, & de ſon arrogance.

Chanſon

Chanſon nouuelle.

IL faut aimer iuſqu'au bout:
Ou ne point aimer du tout:
Ce n'eſt aſſez ma charité
Que d'auoir de moy pitié
Ma ferme & longue amitié
Plus grande faueur merite,
Il faut aimer iuſqu'au bout
On ne peut point aimer du tout,
Promettre & iurer qu'on m'aime
Et me refuſer le bien
Qui d'amour eſt l'entretien
C'eſt ſe dementir ſoymeſme.
Il faut aimer..
Ie veux auoir vne dame
Qui n'aime point tiedement
Et qui ſoit a ſon amant
Toute glace ou toute flamme.
Il faut aimer.
Aſſez durant tes rudeſſes
Tu fus extreme en rigueur
Sois ores extreme en faueur
Au payement de mes triſteſſes

Il faut aimer.

Ainſi meſme de la glace
L'acier froid vaing la froideur
Quand il ſent du feu l'ardeur
Du feu l'ardeur meſme il paſſe,
Il faut aimer.

Sus donc baiſe moy mignonne
Non comme Apolon ſa ſœur
Mais d'vn baiſer plain d'ardeur
Tel qu'a Mars venus le donne
Il faut aimer.

N'allegue point pour deffence
La raiſon ny le deuoir,
Ou l'amour à tout pouuoir
Raiſon n'a nulle puiſſance.
Il faut aimer.

Quand a moy ie te proteſte
Que iamais nul autre iour
Ne finira mon amour
Fors l'heure extreme & funeſte.
Ie veux aimer iuſques au bout
Ou ne point aimer du tout.

Chanſon nouuelle.

AMans qui ſouſpirez tant de peines ſouffertes,
Pourquoy m'accuſez vous du malheur de mes pertes,
Des maux mal recognus d'vne ingrate beauté
Accuſez dõc auſsi d'vne pareille offence
La foy, l'Amour, l'honneur, la vertu, la conſtance
Aimer comme cela s'appelle cruauté.
L'honneur ne permet point vn bien trop fauorable,
La cõſtance deteſte vn amour variable,
La vertu me conduit aux rigueurs que ie fais
La foy retient le cœur des amans infidelles
Et l'amour deſormais pour changer n'a point d'æſles
Mais moy ie ſuis la cauſe & ſe font mes effects.
L'amour & le deſir eſt vne meſme choſe,

Ou du moins le deſir eſt la premiere
cauſe
Son feu qui les nourrit de l'eſpoir du
plaiſir
Mais qui nourrit apres le deſir en ſa
flamme,
Que le refus du bien qu'on pourſuit de
ſa dame
Si vous eſtes au port vous eſtes ſans deſir,
Ie ne dis pas pourtãt que la foy recõnuë,
La ſeruité, le temps, & l'amour continuë,
Ne merite à la fin l'heur qu'ilz ont pre-
ſumé
Encor ne faut il pas eſtre tãt inhumaine
Mais ie dis que tel bien vaut vne longue
peine
Vn bien qui couſte peu n'eſt iamais tant
aimé.

Chanſon nouuelle.

QVi preſtera la parolle
A la douleur qui m'affolle?
Qui donnera les accens
A la plainte qui me guide,

Et qui laschera la bride
A la fureur que ie sens?
Qui baillera double force
A mon ame, qui s'efforce
De souspirer mes douleurs?
Et qui fera sur ma force
D'vne larmoyante trace
Coule deux ruisseaux de pleurs?
Sus mon cœur, ouure ta porte
A fin que de mes yeux sorte
Vne mer à ceste fois:
Ores faut que tu plaignes
Et quand tes larmes tu baignes
Ces montaignes & ces bois,
Et vous mes vers, dont la course
A de sa premiere source
Les sentiers abandonnez
Fuyez à bride auallee,
Et la prochaine valee
De vostre bruit estonnez.
Vostre eau, qui fut claire & lente,
Ores trouble & violente,
Semblable à ma douleur soit,

Et plus ne meslez vostre onde
A l'or de l'arene blonde,
Dont vostre fond iaunissoit.
  Mais qui sera la premiere?
Mais qui sera la derniere
De voz plaintes? O bon Dieu!
La furie qui me donte,
Las, ie sens qu'elle surmonte
Ma voix, ma langue & mes yeux.
  Au vase estroit, qui degoute
Son eau, qui veut sortir toute,
Ores semblable ie suis:
Et faut, ô plainte nouuelle!
Que mes plaincts ie renouuelle
Dont plaindre assez ie ne puis.

Chanson nouuelle.

IE suis de l'amour espris gaillardemét,
L'amant hardy genereux
Trop n'entreprend,
Ie ne sens en mes esprits
Aucun tourment,
L'amour tousiours fauorise,
  Mais ces craintifs amoureux

L'Amour

L'Amour reprend
Qui n'a le cœur d'entreprendre,
Laudacieuse entreprise
Ne doit la victoire attendre.
L'amour ne se nourrit point
Dedans le froid,
A la chaleur il est ioint
Et si accroit,
Qui tant de langueurs endure
Montre sa grande froidure.
Souffrir extreme douleur
Sans parler haut
C'est signe que de chaleur
Y à de faut
La chaleur actiue & prompte.
Tousiours maistrise sa honte.
I'ay chaudement poursuiuy
Mon haut desir,
Soudain s'en est ensuiuy
Mon grand plaisir,
La victoire desiree
M'en est aux mains demouree.
On peint amour à noz yeux

Archer volant,
C'est à fin d'entendre mieux
Qu'il est bouillant,
A l'amour pas on ne donne
Des æsles sans cause bonne.
Les oyseaux qui vollent haut
Prompts & hastifs,
Rauissent d'vn desir chaut
Leurs apetits,
Ainsi faut il que l'on croye,
L'amour emporter sa proye.
Qui ne volle & s'alentir,
Trop se morfond,
Qui suit d'amour l'appetit,
Doit estre prompt,
L'amour tousiours fauorise,
Laudatieuse entreprise.

Chanson nouuelle.

LIse que i'aime sur tout
Lise mon cœur,
Lise mamour,
Lise ma foy mon espoir
Veux tu rebelle tousiours

Prompte cercher tel qui te fuit
Vn qui te ſuit repouſſer.

VIOLIN.

Sanguin heureux s'il aimoit
L'heur qui luy viēt il le dedaigne
O que ie fuſſe Saugin:
Liſe qui or me tient pris,
Mais tire ailleurs ingratement
N'allumeroit mon ardeur.
Liſe la peine d'autruy
Point n'adoucit noſtre douleur
Moins ie ne ſens mon ennuy,
I'aime & ne cherche n'aimer:
Car le tourment bien que cruel
Vn bon amour ne romp pas.
Mais ſi ta grand cruauté
Las me faiſoit clore les yeux
D'vn ſomme dur, ie plaindroy,
Moy de me eſtant mort,
Plus ta beauté toy de mamour,
Fait mourir en loyauté.
Si ie n'attens que par la
Fin de mon mal iugé a mort

Iugé a mort ie ſuis donc
Donc que ie meure aimãt mieux
Eſtre mort pour Liſe qu'aller
Viure pour autre beauté.

Chanſon nouuelle.

BEau Violin tu vaux mieux:
Digne vrayement tu es
D'vne meilleure amitié:
Mais ie ne puis de mon cœur engagé
Helas! L'empire en eſt a Saugin [diſpoſer
Roſette hait mon ingrat
Bruſle pour toy de mamour
Moy de l'amour de Saugin,
Ferme tu es & conſtant
Ferme & conſtant auſsi ie ſuis
Contre l'effort du tourment.
Ainſi amour reuangeur
Vange nos feus conſole toy
Seul tu ne vis qui languis.
Cherche a guerir qui voudra
Sans vouloir mieux pour mes amours
I'aime & cheris ma langueur.
Beau violin voudrois tu

Rosette oster hors du trauail
Qu'elle reçoit de t'aimer?
Si pitoyable adoucy
Grace luy fais, digne seras
Lors de pareille douceur.
O Violin tu n'es pas
Digne d'vn party si cruel
Lise te liure son cœur
Rosette soit à Saugin,
Entr'aimons nous d'vn desireux
Cœur mutuel & constant.

Chanson nouuelle.

LIse tu fuis dedaignant
Qui te suit & qui te prise
Lyse ton poil delié
Ou souuent amour s'enlase
Plus fort ie voy me plaignant
Moins ou y suis de ma Lise.
De cent nœux me tient lié
Que la mort point ne delace
Lise que ta cruauté
Fait de tort à ta beauté.
Lise ton front descoré,

Du ſiege ou l'honneur reſide,
Plus de moy eſt adoré,
Et plus contre moy ſe ride.
Liſe que ta cruauté.

Ce ſorcil d'esbene noir
Qui ſert au blanc de nuage:
Couure l'œil pour ne me voir,
Et ſe baiſſe à mon dommage.
Liſe que ta.

Liſe ton œil le vainqueur,
Qui fournit amour de fleſches:
Pour faire languir mon cœur
Le naiures a petites breſches.
Liſe que ta.

Deſſus le laict eſmaillé
De ta vermeille ioüe
Comme vn enfant eſueillé
Amour ce mondain ſe ioüe.
Liſe que ta.

Ton parler graue coulant,
Qui les Dieux meſmes enflamme
S'eſt fait vn Roy violent,
Et vn tyran de mon ame.

Liſe

Liſe que ta.

Vn baiſer de ce Corail,
Qui cloſt le rond de ta bouche
Adouciroit bien le mal
D'vne reſponce farouche.

Liſe que ta.

De ce tertre aboutiſſant,
En vne nouuelle fraize:
Le petit bout rougiſſant
Me ſemond que ie te baiſe.

Liſe que ta.

Ces deux petits mont de laict
Empourpré au bout du centre
Monstre combien eſt parfait
Ce qui eſt au bout du ventre.

Liſe que ta cruauté.

Chanſon nouuelle.

LA haine & le deſdain, l'amour la ia-
 [louſie
Seduiſent les amans ſouuent ſous
mon pouuoir,
Quand l'aſſez de tout poinct de ſe plaindre & douloir
Ils ont d'vn deſeſpoir ſoudain la mort

rauie.

Teſmoings ces cheualiers qui valeureux aux armes,
Diſcrets, ſages, ſecrets ſur leur heureux printemps,
Rauis de deux beaux yeux ont eſprouué longtemps
Quelle eſt la cruauté qui regne aux belles dames.
Sans que iamais leur foy, leur amour, leur ſeruice,
Aye peu meriter vne ſeule faueur,
Sinon, de iour en iour (eſclaues de malheur,)
Languis ſans eſperer que leurs tourmens finiſſe.

Dans les creux d'vn rocher, ou d'vn autre effroyable,
Errans cōme courbez ils ſe ſont retirez,
Eſtans de leurs amours du tout deſeſperez,
Pour ne voir iamais rien qui leur fut aggreable.

Or

Or ſçachant qu'en ce lieu maint cheua-
lier ſe trouue,
Qui venant ſur les rangs ſe dira bien
heureux
De ſa dame eſtre aimé, tout autant qu'a-
moureux:
Voulant que la faueur qu'il porte en face preuue.
Ces ſix deſeſperez maintiendront à
outrance,
Que ſi c'eſt pour aimer bien & parfaictement
Que l'on peut meriter quelque conten-
tement:
Qu'à eux ſeuls appartient, ſi iuſte recompenſe.

Chanſon nouuelle.

ACcuſe qui voudra les hommes in-
conſtans
Qui ne peuuent garder leur amour
qu'vn printemps,
Ie les veux excuſer par vray experience
Ie ſçay que le peché ne viẽt de leur coſté

Mais des dames q̃ ſont pleines de volõté,
Girouettes en l'air, ſiege de l'incõſtance
Le peintre q̃ peignoit l'enfãt au dos aiſlé
Deuoit peindre vne fẽme au viſage voilé
Aux deux flancs empleumez, non vn fils de Cythere: [diſcretion
Pour monſtrer que la femme eſt ſans
Qu'elle aime ſans choiſir tout par opiniõ
D'erreur d'aueuglement, & d'audace la mere,
Mais il n'euſt fallu peindre vn tel image nu,
Car ſon courage eſt double, aux amans incognu: [tiſe,
Couuert, diſsimulé, tout maſqué de fein-
Ioyeux d'en voir pluſieurs en ſa chaine captifs
Pour en tirer plaiſir ſelon ſes appetis,
Et fait ſi biẽ q̃ l'vn de l'autre ne s'aduiſe.
Si l'amãt eſt muable, alors qu'il aperçoit
Que d'vne feinte amour ſa dame le deçoit,
I'approuue ſa façõ, tel q̃ luy ie veux eſtre
Si la

Si la dame eſt legere il faut eſtre leger,
Si elle fait l'eſtrāge il s'en faut eſtranger,
Vn ſeruiteur loyal doit enſuiure ſon maiſtre.

Chanſon nouuelle.

D'Oùvient qu'vn beau ſoleil qui luyt nouuellement
Soit à tous fauorable & à moy ſi cōtraire
Il m'esbloüit laveuë,au lieu qu'il leur eſclaire
Il eſchauffe les cœurs & meva cōſumant.
L'autre Soleil du Ciel n'offence aucunement,
Les lieux qui ſont priuez de flamme ordinaire:
Mais ce diuin Soleil m'ard plus cruellement
Plus ie me trouue loing de ſa lumiere claire,
Ie t'accuſe, Nature, & me plains iuſtement:
Car puis qu'il me deuoit porter tant de nuyſance

Allumant en noz cœurs vn feu ſi vehement,
Que n'as-tu pour mon bien retardé ſa naiſſance?
Toutesfois ſi noſtre aage, heureux par ſa preſence,
Ne pouuoit, ſans mon mal, voir ſes yeux clairement,
Ie prens, tout conſolé, ma mort en patience,
Qui meurt pour le public, meurt honorablement

Chanſon nouuelle.

O Soleil de mon ame, adieu car ie me meurs,
Ie veux noyer ma vie au ruiſſeau de mes pleurs
Que m'importe la haut qu'vn Soleil luyſe aux cieux
Puis qu'ores i'ay perdu le Soleil de mes [yeux
O mes yeux deuenus deſormais vne nuict
Depuis q̃ i'ay perdu le ſoleil qui vous luit
O nuict ſœur de la mort qui me cauſes
la

la mort

En me plaignant de vous, ie me plain de mon ſort.

Ie veux doncques à ma mort vn paradis choiſir,

Depuis qu'elle vous peut donner quelque plaiſir,

O mourir bien-heureux, ô treſpas plus heureux,

Depuis qu'il ſert de preuue à mon mal rigoureux

Ie ne plain point mon mal ny ma lente douleur,

Madame ſeulement ie plains voſtre malheur

Eſt-ce pas vn malheur q̃ de perdre celuy

Qui eſt qui fuſt à vous, & qui n'eſt plus à luy.

Chanſon nouuelle.

CIl qui n'a veu dedãs l'azur des cieux
Deux aſtres beaux qu'il regarde tes yeux
Lors il pourra ſe vanter de ſçauoir
Ce que le ciel de rare peut auoir
Qui n'aura veu la blonde cheuelure
Du clair Soleil lors qu'il refait ſon tour
Qu'il

Qu'il te cõtẽple & déſlors qu'il s'aſſeure
De voir Tyran auec ſon plus beau iour.

Qui n'aura veu l'aurore au teint ver-
Lors qu'elle viẽt d'euãcer le Soleil [meil
Il ne luy faut que regarder tes traits
Vray qui les tiens ſont beaucoup plus
parfaits,
Car il aura claire qui les efface
Le chaut eſté ne l'automne cuiſant
N'y de l'hyuer l'iniurieuſe glace
Ne peuuent rien ſur ton teint excellant.

Qui n'aura veu le viſage argenté,
De celle-là qui nous donne clairté,
Durant ça bas les traicts de ſon flambeau
Lors que la nuict iette ſon noir manteau,
En te voyant il voit meſme lumiere:
En vn ſeul point vous auez different,
C'eſt que touſiours ta clairté eſt entiere,
Et celle là va en diminuant.

Ie ne dy pas que dans les cieux voutez
Il n'y ayt bien d'excellentes beautez,
Mais ie diray que le plus grand des dieux
En ſes amours ne ſçauroit auoir mieux,

Que

Que celuy-là duquel tu es maiſtreſſe,
Bien qu'il ſoit pres de la belle Cypris
Ou de Iunon, ſi faut il qu'il confeſſe
Que ta beauté en emporte le pris.
O que celuy eſt heureux, qui ſert,
O que celuy eſt heureux, qui pert
Sa liberté, pour t'eſtre ſeruiteur,
O douce perte accompagnee d'heur,
O plaiſant ioug, ô ſeruice aggreable
Si en ſeruant touſiours en ſi haut lieu,
La liberté ne ſeroit tant loüable,
Et l'homme ſerf ſeroit eſtimé Dieu. [ſer
Tous voudroiēt bien leur frāchiſe laiſ-
To⁹ ſous tes loix voudroiēt le col baiſſer
Mais quoy ? d'vn ſeul, le ſeruice te plaiſt,
Vn ſeul auſsi de tes beaux yeux ſe paiſt,
Vn ſeul pour toy, ne craint point les flammeches [tourmens,
Vn ſeul, pour toy, ne craint point les
Vn ſeul, pour toy, reçoit toutes les fle-
Que Cupidon darde ſur les Amãs. [ches
Aime-le donc, fay luy quelque faueur
Puis qu'il ne craint de preſenter vn cœur
A tous

A tous les dards que cét aueugle archer
Incessamment vient sur luy descocher,
Ne permets point que tõ cœur se saisisse
D'vne arrogance & d'vne cruauté,
Mais fay plustost q̃ de toy dire on puisse
Que la douceur est aimer ta beauté.

Chanson nouuelle.

SI le teint de ton beau visage
Est ensemble l'air & les cieux,
Et si les astres de tes yeux
Sont les flammes du feu volage,
En toy ie dis deux elemens
Reprendre leurs commécemens.

Mais si ie suis l'eau & la terre,
Si tu es l'air & le feu roux,
Comment peut durer entre nous
Vne si longue & dure guerre?
Voy tous les elemens entr'eux
Vnis de liens amoureux.

Si mes deux yeux sont des fontaines
Sont des riuieres: Si mon cœur
Brusle d'amoureuse chaleur
N'est rien que de cendre & d'areine,

En nous de ce grand vniuers.
Sont les quatre Elemens diuers.
Si mon sort & la destinee
Helas! vouloit que nous fussions
Vn seul, vn tout, & que fissions
Vne essence bien ordonnee,
Ha! que ce viure glorieux
Surmonteroit celuy des Dieux?

Chanson nouuelle.

DOrmant i'ay quelquefois songé,
Qu'en mousche i'estois eschangé,
Et que ie vollerois sans cesse,
Çà & là dessus les habits,
Baisant & rebaisant les plis
De la robe de ma maistresse.
Ie m'esserois parmy son sein
De beaux lys & de roses plain,
Et puis d'vne brusque volee
En estendant mes aslerons
I'allois sur ses cheueux blonds
Chercher mon ame consolee.
Apres ie viens à ses beaux yeux,
Raui de contempler mon mieux:

Quand elle d'vne viue flamme
Bruſla mes aiſles de leur feu:
Et depuis l'heure ie n'ay peu
Reuoller au cœur de madame.
Lors aux pieds elle me foula,
Et i'entendis qu'elle parla,
Ces mots eſprins d'vne colere
Qui à mes yeux oſe voller,
Il y doit ſes aiſles bruſler,
Et mourir comme temeraire.

Chanſon nouuelle.

IE garde foy & loyauté à ma maiſtreſſe
Comme elle auſsi de ſon coſté me tien promeſſe.
Elle m'a iuré & promis
Depuis n'aguere
De m'aimer ſur tous ſes amis,
D'amour entiere.
Et ie luy ay fait vn ſerment
Preſque de meſme,
De l'aimer plus parfaictement,
Qu'autre que i'aime.
C'eſt accord fait & arreſté

Soubs

Soubs charge telle,
Que chacun viue en liberté
Et ſans querelle.
  Que ie ne feray de ſa foy
Trop deure enqueſte,
Et qu'elle auſsi n'aura pour moy
Mal à la teſte.
  Si plus d'vn amy s'entretient,
Où ſolicite,
Ie penſeray que cela vient
De ſon merite.
  Et me voyant chercher auſsi
Proye nouuelle,
Tout gallant homme en faict ainſi
Ce diront-elle.
  Il eſt de nature couuart
Ou peu honneſte,
Qui ne ſçait en plus d'vne part
Aller en queſte.
  L'amitié dont ce dieu courtois
Nous ioinct & lie
Sous ſes douces & libres loix

Fut eſtablie.
Qui les meſpriſe & va blaſmant
Eſt trop inique
Ou c'eſt quelque ialoux amant
Maigre & etique.
Qu'il tiẽne touſiours ſa iument
Par le cheueſtre,
Si deſſus ordinairement
Il ne peut eſtre.

Chanſon nouuelle.

Eſtant aſsis pres des Ruchettes
Où faiſoient du miel les anettes,
A ſes mots ie vins à chanter,
Mouſches vous volez à voſtre aiſe
Et ma maiſtreſſe eſt ſi mauuaiſe
Qu'elle m'empeſche de voler. Bis.
Vous volez ſur les fleurs decloſes,
Et ſi ſuccez les douces choſes,
Du tin, du ſaffran iauniſſant,
Et du ſaule la fueille molle,
Moy dans la maiſon i'affole,
Dont ie ſuis touſiours languiſſant. Bis.
Mouſche de Iupiter nourriſſe

Des

Des odeurs qui vous ſont propices,
Vous faites la cire & le miel,
Et moy des rigueurs de ma dame,
Ie ne produits rien à mon ame
Sinon que mort, plainte & fiel. Bis.
Las ie voudrois eſtre vne mouche,
Pour voleter deſſus la bouche,
Deſſus le front, deſſus le ſein
De ma dame belle & rebelle:
Ie picquerois ceſte cruelle,
En peine d'y mourir ſoudain. Bis.
Vous volez ſur les fleurs eſcloſes,
Et moy ie produis toutes choſes
Qui ne ſont contraires à mon mal:
Ie reſſemble à la tourterelle,
Qui ſe rit à part des cautelles
Que luy fait l'amant deſloyal. Bis.
Las ie voudrois deuenir telle
Pour voleter au milieu d'elle,
Sous vn coin de ſon cotillon,
Ie luy leuerois ſa chemiſe,
Et ne quitterois iamais priſe
Qu'elle n'euſt ſenty mon aiguillon. Bis.

Vray Dieu que c'eſt vn dur martyre
D'eſtre amoureux ſans l'oſer dire,
Sans oſer declarer ſon cœur,
De receler touſiours la rage
Qui bruſle en ſon ardent courage,
Animé de l'amour vainqueur. Bis.

Qui court ſans ſe tenir en place,
Ayant touſiours paſle la face,
Ses deux yeux tous battus de pleurs,
Vne couleur paſle & ternie
Comme vne roſe eſpanie
Bruſlee des ardentes chaleurs. Bis.

O moy malheureux quand i'y penſe
D'auoir pour toute recompenſe
De mes amours mille douleurs,
Accompagnez de pleurs & larmes
Pour donner touſiours mille alarmes,
Ainſi qu'vn ſoldat belliqueux. Bis.

Voulez vous amants que ie die
La douleur de la ialouſie,
Qui me rend partie de ce mal:
Mais ſans grand danger de ma vie,
Ny ſans l'offence de mamie

Ie

Ie n'eusses fuy mon trauail. Bis.

Chanson nouuelle.

PElerin fit vn voyage
Où i'ay passé maint passage,
Dangereux, & bien souuent,
Helas ie n'estois pas sage,
De m'y enfoncer si auant.

Vous qui courez ma fortune
Qui est aux amans commune,
Croyez que certainement
Qui en aime bien vne,
S'en deffait mal aisément.

Amants qui souffrent mes peines,
Qui me courent dans mes vaines,
Entendez comment amour
Me lie de mille chaines
Aux prisons de mon beau iour.

C'est enfant au fonds de l'ame,
M'a engraué de ma dame,
Le pourtraict de ses beaux yeux,
Armé d'vne rouge flamme,
Se croise le clair des cieux.

Mais quel malheur me pourchasse,

Veu que l'on void en ma face,
Mon dommage malheureux
Que ie ne puis auoir grace,
Et me plains en ma douleur?

Autre chanſon.

LE tourment que i'ay au cœur
Viẽt de l'aueugle mocqueur,
Ceſt enfant de Cytheree:
Ie porte vn brandon d'amour,
Qui me bruſle nuict & iour
D'vne beauté redoree.
Il me lie en ſa priſon,
Sans me donner guariſon:
Non de cordes ny de chaines,
Mais de beaux cheueux dorez,
De tout mon cœur adorez,
De l'inſtinct, & de mes peines.
Puis il preſente à mes yeux,
Pour me rendre furieux,
Le pourtraict de ma deeſſe:
Tout à l'inſtant le meurtrier,
Me le cache tout entier,
Lors ie languis en triſteſſe.

Le Nautonnier oragé,
Le fier ſoldat ſaccagé
Dedans vne ville forte:
Le chetif pres de mourir,
N'a tant de peine à mourir
Que moy mourant en la ſorte.
Le ſoldat dedans vn fort
Où il n'attend que la mort,
Ne regrette pas ſa vie
Car il eſt quitte en vn iour,
De la peine,& de l'amour,
Du mal-heur & de l'enuie.
Le captif paſle & deffaict,
Reçoit mal pour ſon mal-fait,
Sans languir touſiours en peine:
Mais moy,plus ie vay auant,
La mort me va pourſuiuant,
Ma court au trauers des vaines.
Or donc amour ayde moy,
Et m'oſte hors ceſt eſmoy,
Le feu,la flamme qui ſeche
Mon cœur, ma chair & mõ ſang,
Ou bien perce moy le flanc

D'vne plus mortelle breche.
L'autre iour en me dormant,
Ie penſois certainement
Eſtre au giron de mamie,
Luy accouſtrant ſes cheueux
De mille nœuds amoureux,
Auec vn cordon les lie.
Preſsé d'vn ſomne ocieux
Ie luy vois baiſant les yeux,
Ses blanche mains, & ſa bouche:
Plus bas ie deſcouure vn ſein
Où ie laiſſe aller ma main,
A fin qu'vn tetin ie touche.
Alors l'aueugle ialoux
M'eſueille du ſommeil doux,
Trompe mõ cœur de vain ſonge,
Ie regarde autour de moy,
Si le ſonge eſt faux ou quoy,
Qu'ainſi fort mon eſprit ronge.
Ie le trouue ainſi alors,
Et me vient glacer le corps,
Aneantiſſant ma force,
Ie pers ſentiment & voix

Puis tout pasmé ie m'en vois
Mourant comme seche escorce.
Las c'est pour l'amour de toy
Ma maistresse, mon esmoy,
Mon tourment, & ma furie,
Mon feu, ma flamme, l'ardeur
Qui brusle & glace mon cœur,
Qui tiens ma mort & ma vie,

Chanson nouuelle.

SI le ciel nous fauorise
Au fort de nos ieunes ans,
Que nostre amitié promise
Soit exemple à tous amants.
Gardons nostre amitié sainte,
Nous n'aurons rien de si beau,
Afin qu'elle soit emprainte
Auec nous dans le tombeau.
Alors d'vne pierre dure
Pour memoire à l'vniuers,
L'on fera la sepulture,
Ou seront grauez ces vers.
Sous ceste pierre profonde,
Deux amants sont enfermez:

Viuans tous deux en ce monde,
Iusqu'icy se sont aimez.
Là où ce tombeau funebre
De nous deux sera posé,
Que iamais le noir tenebre
Ne fut au lieu reposé.
Ie veux qu'il soit en la place
Où ie recueilly le plaisir
De mon amour, où sa face
Me contenta mon desir.
Ce fut dans vn verd boccage
Tout couuert de verds ormeaux,
Où le verdoyant vmbrage
Nous gardoit des pastoureaux.
Alors on dira sur l'heure,
Bien-heureux sont les amants,
Qui sous ceste pierre dure,
Loyaux sont ensemblement.
Consommez en corps & ame
D'vn commun consentement,
Se sont aimez sans diffame,
Iusqu'à la fin loyaument.

Chanson sur le chant, O nuict ialouse.

SI lors qu'on voit les cieux dorez de
leurs lumieres
Amour m'oſtoit des yeux vos celeſtes
beautez:
Ie ne dirois point tant mes paſsions
meurtrieres,
Ny les tourmens qui m'ont enclos de
tous coſtez.
Car ie humerois des yeux, le doux
charmant bruuage,
Qui priue les eſprits des geſnes iournal-
liers,
Et dormãt lentemẽt chaſſerois du viſage
De l'ame, & de mon cœur les ennuis
tenaliers.
Mais las, en vain i'eſſaye en l'obſcurité
ſombre,
De trouuer en cherchant les nues du
ſommeil,
Car vos feux amoureux ſont eſclairante
l'ombre,
Et de leurs doux flambeaux luiſent comme vn

me vn Soleil.

Et ſi toſt que ie ſuis, ou bien que ie penſe eſtre [uant,
Doucement enchanté dans le lict en reſ-
Ie penſe à l'œil ſubtil qui s'eſt fait recognoiſtre,
Roy de ma liberté,& me fiert ſi auant.

Ie reſue en vos doux traits, ie reſue en vos attaintes,
Et admire le fer,qui vous tient ſi ſerré,
Et ſi rend mes humeurs outre leur gré contraintes,
A reueré l'attrait par mon ame adoré.

Ie pouſſe hors de mon ſein cent mille doleances,
Et de ſouſpirs venteux,de regret, de ſanglots
Qui interrompent ma voix, & de leurs arrogances,
Troublent ma mer d'amour de mille & mille flots.

Cent penſers,cent deſirs, cent factions diuerſes,

Rou-

Roulent dans mon cerueau, & m'ouurent tous les ſens,
Qui font que mes ennuis, mes tourmens, mes triſteſſes,
Et mes geſnes cruels me ſont, las, inceſſans.
Las, on dit que Momus, dieu pareſſeux du ſonge,
Si toſt qu'on a de luy quelque nuict emprunté,
Enuironne, ſurprent, & de ſon ſommeil rouge
Sõ debteur obligé, d'vn & d'autre coſté.
Ie ne puis nonobſtant, bien que ſois redeuable
A ſon oiſif rocher de mille & mille nuicts
Eſtre de luy ſaiſi, tant ie ſuis miſerable,
Ayant pour mon rempart mes amoureux ennuis.
Et croy que ſi Mercure, auec ſa Caducee,
Se vouloit eſſayer à charmer mes deux yeux,

Que

Que i'y resisterois ayant l'ame offensee,
Et brandonné du feu du dieu vaincueur des dieux.

Ainsi de iour & nuict, sans cesse & sans relasche,
I'endure vn plus que grand martyre sans mourir,
Et piroëtant dãs mes malheurs ie tasche
De viure attendant que me vueillez secourir.

Chanson nouuelle. *De Canery.*

LE baiser couuert de cendre
Ne peut sa beauté estendre,
Ainsi mon cœur ne peut de mesme,
Descouurit sa douleur extreme.

La Salemandre vit de flamme,
De flamme vit aussi mon ame:
Mon amour resiste à l'approche
De la mort, comme aux flots la roche.

Tousiours se mesle par coutume
La douceur auec l'amertume,
Au milieu d'vn courroux ie touche
De mes leures sa douce bouche.

Et tout comme on voit vn lierre
Accoller l'ormeau, qu'il en-serre,
Elle m'accolle de la ſorte
D'vn accoiſer qui me conforte.
Ie la voy toute languiſſante
Comme la roſe paroiſſante
Hors du roſier lors qu'embellie,
De l'amoureux elle eſt cueillie.
Tout ainſi que le dieu de Thrace,
De pieds, de mains, de bras s'enlace,
Auec ſa belle Citheree,
Elle eſt entre mes bras ſerree.
Ie ne puis luy deſcouurir l'aiſe,
Que m'apporte ſa douce braiſe:
Non plus qu'elle d'amour troublee,
Le bon heur dont elle eſt comblee,
Paſſons donc ainſi ma Syluie,
Les heureux iours de noſtre vie,
Et ſans que noſtre cœur ſouſpire
Faiſons ce que nous pouuons dire.

Chanſon nouuelle, ſur le chant de la Parque.

LAs Cupidon volage,
Indigne contre moy:
O Cupidon bas d'aage,
De tous seigneurs le Roy,
Pourquoy m'as tu deffait
Par l'effort de ton traict?
Pourquoy ta flamme ardente
Brusle-elle ainsi mon cœur,
Et ta fleche cuysante
Me nourrit de langueur?
Pourquoy mourray ie ainsi
Sans soulas, ny mercy?
M'as-tu veu infidele
En poursuiuant mon bien,
M'as-tu cogneu rebelle
A ton vouloir en rien?
Ay-ie faussé ma foy,
Ou violé ta loy.
En bataillant sans cesse
En ton camp, ô amour,
Souffrant toute destresse,
Languissant nuict & iour:
Encor, chef insensé

De

De nouueau m'as blessé.
Le veneur en sa chasse
Poursuit ce qui le fuit,
Et plus il ne pourchasse
Ce que pour son deduit
Il a pris, ains ailleurs
Il pourchasse son heur.
Helas suis-ie la ioye,
De tes menus plaisirs?
Et sers-ie point de proye
A tes ardents desirs,
Suis-ie seul captiué,
Et de repos priué.
Assez, ô dieu volage,
Ay-ie vogué en mer:
Assez ce nauigage
M'a semblé trop amer,
Par trop i'ay trop esté
En la mer tourmenté.
Trop i'ay couru fortune
Sous le Nort de Venus,
Est l'estoille importune
D'où mes maux sont venus:

En m'eſclairant de pres
A mes ſens alterez.
Ie voy ceſte meurtriere,
De mon cœur tous les iours,
Ie voy ceſte lumiere
Laquelle fait ſon cours
En mon ſens, & me luit
Puis tout ſoudain me fuit.
Ie l'ouïs à mon aiſe
De ſa grande clairté,
Mais cela ne m'appaiſe,
Ou donne liberté:
Car approcher n'en puis,
Toutesfois ie la ſuis.
O Eſtoile erratique,
Influant ſur mon cœur,
Et qui es mon tropique,
Ma clarté, ma chaleur,
Ne fuis ainſi de moy,
Qui plus ne vis qu'en toy.
En ma grande tourmente,
Tu es mon Port certain,
Et quand le temps me tente,

Ie ne

Ie ne penſe qu'en vain,
Ie t'offre mes ſouſpirs,
Mes ſouhaits & deſirs.
En mon heureuſe chaſſe
Pour proye ie te quiers:
Les daims ie ne pourchaſſe,
Les cheureux, ny les cerfs:
Car ſerf de ta beauté
Pourſuis ta loyauté.
Les buiſſons, & les hayes
Où giſt ma venaiſon,
Les ſentes que tu frayes
Guidans à ta maiſon,
Sont tes eſclairans yeux,
Le ſoulas des grands dieux.
Ceſte face ioyeuſe
Eſt ma Lune de nuict,
Ma foreſt vmbrageuſe,
Lors que le Soleil luit
Eſt ma douce fraiſcheur
Et l'eſtiuale ardeur.
Ceſte grace naifue
Me nourrit & ſouſtient,

Et faut que d'elle viue,
Puis qu'elle m'entretient:
Auſsi ſoudain mourray
Que loin d'elle ſeray.
  Mais malheur, qu'ay ie d'elle,
Sinon vn ſimple obiect?
Que ſert que d'vne belle
Ie me diſe ſuiet,
Sans d'autre bien iouïr
Que d'vn ſimple deſir?
  Que peut l'œil pour mon aiſe
Sans autre reconfort,
Sinon croiſtre la braiſe
Et le mortel effort,
Que le feu, que l'ardeur,
Qui conſume mon cœur.
  Que peut vne ſeule ame
Chargee de deſirs,
Et vne ſeule flamme,
Et angoiſſeux ſouſpirs,
Sans l'accord des eſprits
D'vn meſme amour eſpris.
  Il faut qu'amour vniſſe

Mon

Mon cœur auec le tien,
Pour parfait ſacrifice,
Pour mon heur,& ton bien,
Qu'vne vie,qu'vne mort,
Parfacent noſtre accord.

Chanſon nouuelle.

DIeu d'amour que t'ay ie fait
Qui m'as mis en ce martire?
Oncques vers toy n'ay meffait,
Ne meffaire ne deſire.
Oncques ſur voſtre pouuoir,
Ie n'ay voulu entreprendre,
Auſsi contre mon deuoir
Ie n'ay rien voulu pretendre.
Et toutesfois de ton dard,
Las!tu m'es venu attaindre,
Dont vn feu me bruſle & ard,
Qui me fait gemir & plaindre.
Et pour m'en guarir plus tard
Autre ne le peut eſtaindre,
Que celle dont mon cœur part,
Laquelle n'y puis contraindre.
Au moins,que n'as tu attaint

Celle de mesme pointure
Qui cause, par son doux taint,
La plusspart de ma blessure?
Sa bonne grace & valeur,
Et sa beauté tant exquise,
Merite qu'auec labeur,
Et grand trauail soit acquise.
Sa grande perfection
Ne pourroit estre gaignee,
Sinon par affection,
Plus que nulle autre estimee,
Pourtant, nul autre que moy
N y deuroit auoir partage:
Car d'affection & foy,
Nully n'en a dauantage:
Mon amour est, & sera
Tel iusqu'a la mort amere,
Que point ne se changera
Pour tẽps contraire, ou prospere.
Iamais autre n'aimeray,
Ny n'aimay, c'est chose seure,
Tousiours ie la seruiray,
Iusques à ce que ie meure.

Chanson sur le chant, Benist soit l'œil noir de ma Dame, &c.

EScoute ma douce guerriere,
Escoute en combien de maniere,
Ie me trauaille pour ton mieux:
Entens mon dueil, entens ma plainte,
Soulage vn peu mon attainte
Par la foudre de tes beaux yeux.

Faut-il qu'vne langueur extreme,
Pour les aimer mieux que moy-mesme,
M'estongne de ma liberté:
M'appastant d'vne telle amorce,
Que ie me sans sans nulle force
Dedans leurs liens arresté.

Si ie m'en voy par la campagne
Dix mille souspirs m'accompagne,
Mille sanglotz, mille regretz:
Ores tantost pres d'vn boccage,
Ores le long d'vn verd riuage,
Apart ie compte mes secretz.

Ie ne puis en nulle maniere
Euiter l'amour coustumiere,
Ardante à mon grand desplaisir:

Ny ie n'ay peu fuir l'angoiſſe,
Ny l'ymage de ma deeſſe,
Enuieuſe de mon plaiſir.
Dreſſant deuant moy vn phantaſme,
Arrachant du creux de mon ame,
Ce cœur vital trop langoureux:
Ie ſens alors ma poure vie,
M'eſtant ſi aigrement rauie,
Recerche les lieux amoureux.
Soudain me voyant à mon aiſe,
Me rend heureux chaud comme braiſe,
Ne me voulant donner repos:
Diſant qu'il vaut mieux que i'endure
Que dans la noire ſepulture
A iamais eſtendre mes os.
Ainſi i'aime mieux ma mignonne
Que ton doux recueil m'empoiſonne,
Ne me tuant iuſques au tombeau,
Que n'eſtre qu'vn peu de pouſsiere,
Vmbre dedans vn cimetiere,
Ou vagabond deſſus vn'eau.
La nuict venue ſi ie me couche,
A moy s'apparoiſt ceſte bouche,

Et ces deux yeux de diamans,
Tes deux Soleils, tes ioues de roses:
Et ce milier de fleursescloses
Dont ie reçoy mes alimens.
Ce beau sein qui ainsi pommelle,
Comme feroit la fleur nouuelle,
Du coigner qui est nouueler,
Croissant dessus deux montagnettes
Ou amour fait des eschauguettes,
Plus blanches que n'est pas le laict.
Pensant embrasser cest image.
Soudain ie voy ce beau visage,
Esuanouir deuant mes yeux,
Fuyant d'vne plus viste course,
Qu'vn agnelet ne feroit l'ourse,
Me laissant la tout soucieux.
N'ayant ainsi ce mien vain songe,
Vainement traité d'vn mensonge,
Ie sens recroistre mes douleurs:
Ie cherche la Parque en moy-mesme,
Toutesfois ie fuy la mort blesme,
Aimāt beaucoup mieux viure en pleurs.
Quoy que les langueurs & tristesses,

Soyent de mon cœur fortes maistresses,
Si ne voudrois-ie autrement,
Qu'auoir (voguant dessous la voille
D'vne beauté qui est tant belle)
Pour auiron vn des tourmens.
Si ie t'aime plus que mon ame
Pour Dieu ne sois fiere madame,
Mais redoute ce Iupiter,
Lequel darde dessus sa teste
Des ingrats sa rude tempeste,
Quand iuste, se veut despiter.
Attens la recompense seure,
Ne regardant ce que i'endure
Ny des ennuis que i'ay pour toy,
Enuie, douleurs & martyre,
Haine, rancune à moy i'attire,
En t'aimant beaucoup plus que moy.
Madame ne me sois felonne,
Oste le mal qui me talonne:
N'ayant esgard à ta beauté,
Ny au pourtraict de ton image,
Enuers lequel ie fais hommage,
Tuant mon cœur de loyauté.

Chan-

Chanſon nouuelle.

IE voy des gliſſantes eaux
Les ruiſſeaux,
Couler ſous vn doux murmure:
Ie voy de mille couleurs,
Mille fleurs
Parer la gaye verdure.
 Ie voy du ciel le flambeau,
Clair & beau,
Qui nous rid & nous careſſe,
Ie voy toute choſe en ſoy
Hors d'eſmoy,
Forsque moy pour ma maiſtreſſe.
 Ma maiſtreſſe, helas pourquoy
Loing de moy,
Eſlongnez vous voſtre face?
Suis-ie pas de tout mon cœur
Seruiteur
De voſtre parfaite grace?
 Croyez maiſtreſſe croyez,
Et ſoyez,
Que iamais n'aurez ſans vice,
Cœur plus entier que le mien

Qui

Qui veut bien
Mourir pour voſtre ſeruice.
Ma maiſtreſſe approche toy
Pres de moy,
Regarde moy ie te prie,
Ie me tiendrois bien-heureux
Amoureux,
Si ie t'auois pour amie.
Ie faits plus de mille pas
Haut & bas,
Pour toy ma gaye maiſtreſſe,
Abaiſſe vn peu tes deux yeux
Gracieux,
Pour m'oſter hors de triſteſſe.
Vne faueur d'amitié
Et pitié,
Ayez de moy ma maiſtreſſe:
A fin que ce pauure cœur
Ait vigueur
Qu'il ne ſoit plus en triſteſſe.
Moy te priant de bon cœur
En honneur,
Me preſentant tel ſeruice,

Qu'il

Qu'il te plaira commander
Et mander
Ce me ſera exercice.
  Ma maiſtreſſe baiſez moy
A requoy,
Rebaiſez moy ma deeſſe,
Baiſez celuy qui eſt ſeur
Seruiteur,
Te ſuiuant par tout ſans ceſſe.
  Tout dedans ce bois nouueau
Si tres-beau,
Tout au plus profond des fueilles,
Nous accomplirons les tours
Des amours,
Que tous les amans recueillent.
  Venez amoureux gaillards
Tous eſpars,
Au ſon de ma douce muſe,
Pour gouuerner vos eſprits
Sans nuls cris,
Ie ne prens à vous excuſe.
  Leue tes yeux gracieux
Soucieux,

Regarde ta bien aimee,
Qui ne tient conte de toy
Bien le voy,
Te representant Enee.
Ma maistresse de haut pris,
Et de pris,
Tu emporte de la France,
Ie croy que dessous les cieux
Gracieux,
Qu'il n'y a point ta semblance.
Certes ie dy si tres-bas
Vn helas,
Pour toy maistresse benigne,
Que ie n'oserois marcher
Pour toucher
A tes pommelettes dignes.
Et vous gentils arbrisseaux
Vos rameaux,
Ne plissent plus en verdure,
Et moy qui prens mon plaisir
A loisir
Dessous vostre verd qui dure.
Et toy gargouillant ruisseau,

Qui

Qui tiens l'eau,
Dans ſon murmure ſe taiſe,
Puis que i'ay de tous mes maux
Eu repos
Quand ma maiſtreſſe me baiſe.
  Certes tant que ie viuray
Ie ſuiuray,
Voſtre commune alliance,
Et auray de voſtre amour
Nuict & iour,
A tout iamais ſouuenance.
  Ie vous promets d'amitié,
D'equité,
De n'auoir point d'autre amie,
Bien pluſtoſt mourray conſtant
En tourment,
Que changer ainſi mamie.
  Celuy qui fit la chanſon
Se dit-on,
Fut vn braue gentilhomme,
Eſtant dedans la priſon
Sans raiſon,
En regrettant ſa mignonne.

Qui

Qui la voudroit bien tenir
A ſon plaiſir,
Luy donneroit à cognoiſtre,
L'amitié qu'il luy portoit,
Et monſtroit
Tout le temps de ſa ieuneſſe.

Chanſon nouuelle.

QVi pourroit dire la douleur
D'vne qui peut diſsimuler
Le mal croiſſant dedans ſon cœur
Par trop le taire & le celer,
Las elle n'oſe le reueler,
Et ſe conſomme de deſir,
Qui la pourra donc conſoler
A ſon martire & deſplaiſir?

Amour la faute vient de toy,
Que pour n'auoir compaſsion,
D'vn cœur priſonnier ſous ta loy,
N'ayant ouy l'affliction,
L'amant leger par fiction
Conte ſon fait piteuſement:
Mais qui aime en perfection
Ne ſçauroit dire le tourment.

Amour,

Amour, amour, si tes biens-faits
Estoient departis ou tu dois,
Au pris des grans maux que tu faits,
Heureuse amante me dirois,
D'honneur premiere ie serois
Comme ie suis d'affection,
Et autant d'heur me sentirois
Comme ie sens de passion.

Dés maintenant qu'on voye osté
Le vieil bandeau de tes deux yeux,
Et à ceux qui l'ont merité
Sois liberal & gracieux,
Autrement ne sera pas eux
Amour, ton temple visité,
Et leur cry n'yra plus és cieux
Soliciter ta deité.

Chanson nouuelle sur le chant, Combien est heureuse la peine de celer.

L'Ardeur qui me tourmente
M'a sçeu si bien dompter,
Qu'ayant perdu l'attente
Ie n'ay sçeu surmonter,
L'amour qui est vainqueur

Du plus fort de mon cœur.
Si l'attente eſt trompee
Le cœur demeure entier,
Si elle eſt eſchappee
Par vn autre ſentier,
Tant qu'au monde viuray
Le veneur i'en ſeray.
Pluſtoſt l'ame bleſmie
De mon corps partira,
Eſchangeant ceſte vie
En l'autre ſiecle ira,
Que ie ſois amoureux
D'autre que de ſes yeux.
Ie laiſſeray le change,
A vn tas d'inconſtans,
Deſquels amour ſe venge
Sur la fin de leurs ans,
Ayans par equité
Ce qu'ils ont merité.
Volonté ſi muable
Ne repoſe en mon cœur,
Iamais n'en fut coulpable
Ma ieuneſſe en ſa fleur,

Et moins en ſon endroit
Quand la mort m'aduiendroit.
Car le beau de ta face
M'enchanta tellement,
Que ie luy donnay place
A l'amoureux tourment,
Depuis eſtre n'ay peu
De liberté repeu.
Puis ce petit dieu cauſe
De mon mal doux amer,
Endure priſon cloſe
La voulut enfermer,
Craignant que ſi l'auois
Honneur ne luy ferois.
Et deſlors pour deeſſe
Ie la voulois choiſir,
De toute autre maiſtreſſe
Ie laiſſay tout plaiſir,
Sa grand' perfection
Dompte l'affection.
Baiſe moy ma mignonne,
Et rebaiſe cent fois,
Que ſi quelqu'vn en grongne

Las que vengé i'en ſois
Si ſouuent baiſotant
Qu'en fin ie ſoye contant.
Helas quand bien y penſe
Vous m'y tenez rigueur,
C'eſt poure recompenſe
Qu'vn baiſer en langueur,
Le ſous-ris de vos yeux
Fait que i'eſpere mieux.
Le baiſer ne s'entente
Mon mal tant empiré:
Ains luy donne vne attente
Du bien tant deſiré,
Qui eſt la fin des maux
Et de tous mes trauaux.
Et bien ſoyez faſcheuſe
Tant que bon ſemblera,
Et touſiours rigoureuſe
Tant que mort m'emblera,
Si eſt-il arreſté
Qu'auez ma liberté.
Pourtant la recompenſe
I'eſpere en ma langueur,

Et pour la iouiſſance
Finira la rigueur,
Pluſtoſt mourir touſiours
Que changer mes amours.

Chanſon nouuelle.

VOicy la ſaiſon plaiſante
Fleuriſſante,
Que ce beau Printemps conduit:
Voicy le Soleil qui chaſſe
Froid & glace,
Voici l'Eſté qui le ſuit.
Voici l'amoureux Zephire
Qui ſouſpire
Parmi les ſentes des fleurs:
Voici Flora ſa mignonne
Qui luy donne
Vn baiſer tout plein d'odeurs.
Voici Pomana la belle
Qui pres d'elle
Void ſon ami Vertumus,
Voici Vertumus qui d'aiſe
La rebaiſe
Mille fois le iour & plus.

Voicy Venus citheree
Bien paree
Qui tient Mars en amouré,
Ses graces & mignottises
Bien apprises
Du combat l'ont retiré.
Voicy du saint mont Parnasse
L'humble race
De Iupiter qui descend:
Voicy toute ceste plaine
Desia plaine
De son doux miel plus recent.
Voicy des nimphes cent mille
A la fille
Qui sortent des eaux & bois,
Et chantent toutes ensemble
Ce me semble
Le noble sang des Vallois.
Dieu vous gard trouppes gentilles
Dieu gard filles,
Dieu vous gard toutes & tous,
De grace, ou vous allez belles
Immortelles,

S'il

S'il vous plaiſt dites le nous.
Nous allons chaſſans diſcorde,
Et concorde
Maintenant ainſi viurons:
Nous offrons à ta vaillance
Roy de France,
Et Mars vaincu te liurons.
Roy genereux, franc & ſage,
Ton partage,
T'eſt ſi droitement acquis,
Que par la force peruerſe
Qui renuerſe
Iamais ne ſera conquis.
I'ouy de ces verds boccages
Et riuages,
I'ouy des fruicts de nos champs.
Nous ſommes de ton lignage
L'heritage
Malgré les hommes meſchans.

Aubade amoureuſe.

L'Antin veux tu ſçauoir comme
Ie vis eſtans amoureux,
Ie ne croy point qu'il ſoit homme

Viuans plus que moy heureux.
  I'ay acquis vne maiſtreſſe,
Trop plus belle que le iour,
Qui me tient en allaigreſſe,
En perpetuelle amour.
  Son amour eſt mutuelle,
Pleine de toute bonté,
Et ne m'eſt point ſi cruelle
Comme celle du paſsé.
  Bien qu'vn autre la courtiſe
Ie n'en ſeray point ialoux,
Cognoiſſant que ſans feintiſe
Elle m'aime par deſſus tous.
  Ie l'embraſſe, ie l'accolle,
Ie la baiſe quand ie veux,
Et d'vne main gaye & folle
Ie tortille ſes cheueux.
  Puis derechef ie l'embraſſe
La contemplant ocieux,
Me mirant dedans ſa face,
Et dans ſes yeux gracieux.
  Ainſi beaux ie demeure
Comme le Milan par l'air,

Et

Et la voyant rire à l'heure
Ie recouure le parler.
Puis de rechef ie la baiſe
Et m'efforce à muguetter,
Que ſi elle ſe deſtourne
Ie la contraints d'arreſter.
Tenant ſa main frerillarde
Elle penſe m'eſchapper,
En faiſant de la mignarde,
Pour puis apres me frapper.
Si elle ſe veut esbatre
Auec moy ie luy permets
De me batre, pour l'abbatre·
Puis apres ie fais la paix.
Mais ce batre ne l'attiſe
A courroux de ſe venger,
Ce n'eſt qu'vne mignardiſe
Que ie fay pour la renger.
Car apres ie l'amadouë
Pour promptement l'appaiſer:
Luy diſant que ie me iouë,
Et puis ie la viens baiſer.
Elle ſe contient pour l'heure

De plus tant me pourchaſſer,
Pour d'vne grace meillieure
Ces beaux ieux recommencer.
Pour choſe que ie luy face
Elle n'en prend point d'eſmoy?
Et ie ſçay bien de ſa grace,
Qu'elle n'aime autre que moy.
D'vn deſir inſatiable
Elle me vient embraſſer,
Quand elle voit amiable
Que ie la viens careſſer.
Nous nous baiſottons enſemble.
Et mon ſecret ie luy dy,
En la baiſant il me ſemble
Que ie volle en Paradis.
Mon Dieu que i'ay de lieſſe
D'ouir les diuers accords,
Que prononce ma deeſſe
Quand ſur ſon giron ie dors.
Iamais voix d'vne ſeraine
Ne fut ſi douce à ouïr,
Que la ſienne ſouueraine
Qui tant me fait reſiouïr.

Et ſuis certain que la bonde
De ſon chant melodieux,
Et de ſa douce faconde
Endormiroit tous les dieux.
Eſtant panché deſſus elle,
Comme Venus ſur Adon,
Tout en plaiſir ie ſommeille,
Comme Aſcane ſur Didon.
Ainſi ſommeilloit Lucine
En perpetuelle vnion.
Sur la bouchette doucine
De ſon doux Endymion.
Ainſi prend ma damoiſelle
Sur ma face ſon repos:
Puis quand elle ſe reueille
Elle me tient ce propos.
Ma barbelette doree,
Mon miel, mon ſucre doux,
Ma douceur, mon Citheree,
Serez-vous pas mon eſpoux?
Vous ſçauez que mariage
Nous eſt ordonné de Dieu,
Pour croiſtre l'humain lignage

Deſſus le terreſtre lieu.
Ie n'ay eu iamais enuie
D'autre mary me pourueoir,
Que vous mon bien & ma vie,
S'il vous plaiſt me receuoir.
Car les cieux m'ont deſtinee
Pour eſtre voſtre moitié,
O que ie ſuis bien-heuree
D'entrer en voſtre amitié,
Venez donc mon tetin ore,
Venez donc toutes les nuicts,
Dormir auec voſtre Aurore,
Et vous l'oſterez d'ennuis.
Chanſon, la main qui te trace
Auiourd'huy pour ſon guerdon,
Tout allaigre prendra place
Au dortoy de Cupidon.

Chanſon nouuelle.

L'Aurore meſſagiere
De l'ardent iournallier
Decouurant ſa lumiere
D'vn trauail couſtumier
De Sillen ma paupiere

A fin que puiſſe voir
Le vain eſpoir
Qui déçoit mon vouloir.
Helas deeſſe
Permets qu'vn doulx baiſer
Puiſſe appaiſer
Ce mien cœur embrazé.
Alors comme vne ſouche
Sans aucun mouuement
Et dedans ma couche
Deplourent mon tourment
Et le martire
Qui conſomme mon cœur
O quel douleur
Par ta fiere rigueur.
Helas deeſſe, &c.
Ie n'ay ny nerf ny vaine
Qui ſoyent dedans moy
Qui ne ſoyent toute plaines
De triſteſſe & d'eſmoy
Vaincu de larmes
Ie demeure tranſy
Si n'a mercy

De mon cruel ſoucy.
Helas deeſſe, &c.
Touſiours thiphee
Ne deploye ſes yeux
Touſiours orphee
Car ſon Luc precieux
Ne s'euertue
Mais touſiours ta rigueur
O quel malheur
Croit fort dans ton cœur.
Helas deeſſe, &c.
Ta rigueur ne s'appaiſſe
Ny ta grand cruauté
Augmentent mon mal-aiſe
S'accroiſt ma loyauté
Lyonneſſe inhumaine
Tu faits mourir celuy
Auquel ennemy
Qui t'aime plus que luy.
Helas deeſſe, &c.
Quand la voulte eſtoillee
Se voille d'vn bandeau
La Couriere argentee

Vient baſtir mon tombeau
Dedans la poictrine
De celuy qui a tort
O dur effort
Me vient renger amort.
Helas deeſſe
Permets qu'vn doux baiſer, &c.
Mets dedans la balance
Ma conſtante amitié
Et la perſeuerance
De ton inimitié
Ne vaincre cruelle
Celuy qui de ſes yeux
Pour voir tes yeux
Monteroit iuſques aux cieulx.
Helas deeſſe, &c.
Au compas d'aſſeurance
L'on voit ma fermeté
Le miroir d'oubliance
Reçoit ta cruauté
Ordonc ingratte
Ie quitte le pourchatz
De tes appatz

Pour

Pour reuiure en ſoulas.
Helas deeſſe, &c.
Au compas toutes choſes
Definir ſe pourroit
Ce que au miroir s'oppoſe
Inconſtant le reçoit
Pendant le vice
Ie pers l'affection
Sans fiction
De toute paſsion.
Helas deeſſe, &c.

Autre chanſon.

LAs que nous ſommes miſerables,
D'eſtre ſerues deſſous les loix
Des hommes legers & muables
Plus que le fueillage des bois!
Les penſers des hommes reſemblent
A l'air, aux vents, & aux ſaiſons,
Et aux girouettes qui tremblent
Au gré du vent ſur les maiſons.
Leur amour eſt ferme & conſtante
Comme la mer groſſe de flots,
Qui bruit, qui court, qui ſe tourmēte,
Et

Et iamais n'arreſte en repos.
Ce n'eſt que vent que de leur teſte,
De vent eſt leur entendement:
Les vents encore & la tempeſte
Ne vont point ſi legerement,
Ces ſouſpirs qu'ils ſortent ſans peine
De leur eſtomach ſi ſouuent,
N'eſt-ce vne preuue aſſez certaine
Qu'au dedans ils n'ont que du vent?
Qui ſe fie en choſe ſi vaine
Il ſeme ſans eſpoir de fruict:
Il veut baſtir deſſus l'arene,
Ou ſur la glace d'vne nuict
Ils font des Dieux en leur penſee,
Qui comme eux ont l'eſprit leger,
Se rians de la foy faulſee
Et de voir bien ſouuent changer.
Ceux pui peuuent mieux faire accroire
Et ſont menteurs plus aſſeurez,
Entr'eux ſont eleuez en gloire,
Et ſont comme Dieux adorez.
Car ils prennent pour grand'louange
Quand on les eſtime inconſtans:

Et disent que le temps se change,
Et que le sage suit le temps.
Mais las! qui ne seroit esprise,
Quand on ne sçait leurs fictions,
Lors qu'auec si grande feintise
Ils souspirent leurs passions?
De leur cœur sort vne fornaise,
Leurs yeux sont deux ruisseaux coulās,
Ce n'est que feu, ce n'est que braise,
Mesme leurs propos sont bruslans.
Mais cest ardant feu qui les tuë,
Et rend leur esprit consommé,
C'est vn feu de paille menuë,
Aussi tost esteint qu'allumé,
Et le torrens qu'on voit descendre
Pour nostre douceur esmouuoir,
Ce sont des appas à surprendre
Celles qu'ils veulent deceuoir.
Ainsi l'oiseleur au boccage
Prend les oiseaux par ses chansons:
Et le pescheur sur le riuage
Tend ses filés pour les poissons.
Sommes-nous donc pas miserables

D'estre

D'estre serues dessous les loix
Des hommes legers & muables
Plus que le fueillage des bois?

Chanson.

QVel feu par les vents animé,
Quel mont nuict & iour cõsumé
Passe mon amoureuse flame?
Et quel Ocean fluctueux
Escume en flots impetueux
Si fort que la mer de mon ame?
L'Hyuet n'a point tant de glaçons,
L'Esté tant de iaunes moissons,
L'Afrique de chaudes areines,
Le Ciel de feux estincelans,
Et la Nuict de songes volans,
Que pour vous i'endure de peines.
Toute douleur qui nous suruient,
Peu à peu moins forte deuient,
Le temps comme vn songe l'emporte:
Mais il ne faut pas esperer
Que le temps puisse moderer
Le mal que vostre œil nous apporte.
Rien n'est icy bas de constant,

Et tout ſe change en vn inſtant
Deſſous le cercle de la Lune,
Les ſaiſons, les iours, & les nuicts:
Sans plus mes amoureux ennuis
Sont hors de la reigle commune.

Ce iour me fut bien malheureux,
Que ie vey vos yeux rigoureux,
Quād les miens nouueaux tributaires
Rendirent mes ſens & mon cœur
Aux chaiſnes de voſtre rigueur
Depuis liez comme Forçaires.

Encore le Forçaire arreſté
S'allege en ſa captiuité,
L'eſpoir luy promet deliurance:
Mais en mon empriſonnement
Ie n'attens point d'allegement,
La mort ſeule eſt mon eſperance.

Comme le Chaſſeur va ſuiuant
La beſte qui volle deuant,
Laiſſant celle qui ſe vient rendre:
Ainſi la mort qui tout deſtruit,
Chaſſe apres celuy qui la fuit,
Et ſe dedaigne de me prendre.

Le

Le iour que ie ſuis aſſerui,
Ie vey, bien lors que ie vous vey,
Mille beautez vous faire hommage,
Mille amours, mille & mille appas:
Mais (ô chetif!) ie ne vei pas
Mon mal peint en voſtre viſage.
Rauy de vos perfections,
Ie ne peu voir les paſsions
Sortans des rais de voſtre veuë,
Non plus que le paſteur laſsé,
Qui deſſus les fleurs renuersé
Ne voit le ſerpent qui le tuë.
Ce qui rend mon mal plus amer,
C'eſt qu'en ſouffrant, pour vous aimer,
Douleur qui ne peut eſtre dicte,
Ie n'en dois attendre aucun bien:
Car toute peine eſt moins que rien,
Eu eſgard à voſtre merite.
Si vous aimant i'ay trop osé,
Amour me doit rendre excusé,
C'eſt vn enfant ſans cognoiſſance:
De moy, quoy qu'il faille ſentir
Ie ne me ſçaurois repentir

D'auoir commis ſi belle offenſe.

Le plus ſouuent en vous voyant
La peur va mes ſens effroyant,
Et le deſeſpoir qui m'eſtonne,
Tout froid contre mon cœur ſe ioint:
Et donroy, pour ne vous voir point,
Le plaiſir que voſtre œil me donne.

D'autre-fois quand tout abbatu
Ie languy foible & ſans vertu
Voſtre beauté ma mort retarde:
Deuant vous mes ſoucis s'en vont,
Et du mal que vos yeux me font
Ie guary quand ie vous regarde.

Le traiſtre ennemy de ma paix
Me voyant tomber ſous le faix,
A peur que trop toſt ie finiſſe:
Et fait comme vn bourreau cruel!
Qui donne à boire au criminel
Pour le reſeruer au ſupplice.

Ainſi pour plus me tourmenter,
Quelquefois il me fait gouſter
D'vn plaiſir de peu de duree:
Mais las! i'eſprouue auſsi ſoudain

Que

Que ce n'eſt qu'vn ſonge incertain,
Et que ma peine eſt aſſeuree.
Mon cœur qui ſouloit parauant
Voler leger comme le vent
Au gré de mille Damoiſelles,
Vole autour de vous ſeulement
Comme oiſeau pris nouuellement
Auquel on a coupé les æles.
Quelquefois laſsé d'endurer:
Ie ſuis contraint de murmurer,
Inuoquant la Mort inhumaine:
Mais quand ie la ſens accourir,
Ie tremble, & ne veux pas mourir
De peur de voir mourir ma peine.
Mais en vain i'yrois eſperant
De trouuer remede en mourant,
Contre le deſir qui m'enflame,
Touſiours durera ma douleur:
Car mon amoureuſe chaleur
Eſt de l'eſſence de mon ame.

Fin des Chanſons.

TABLE DES CHANſons contenues en ce liure.

Comme

Table.

H

I

L

M

O

P

Pelerin

Q

S

T

V

Fin de la table.

www.ingramcontent.com/pod-product-compliance
Lightning Source LLC
LaVergne TN
LVHW050414160826
845677LV00002BA/377

* 9 7 8 2 3 2 9 7 9 1 8 5 2 *